RÉPUBLIQUE FRANÇAISE

———

MINISTÈRE DE L'AGRICULTURE N° 320 X 1908

SERVICE

DU

CRÉDIT MUTUEL

ET DE LA

COOPÉRATION AGRICOLES

———

Circulaire n° 32

BERGER-LEVRAULT ET Cie, ÉDITEURS

PARIS | NANCY
5, RUE DES BEAUX-ARTS, 5 | 18, RUE DES GLACIS, 18

1908

RÉPUBLIQUE FRANÇAISE

MINISTÈRE DE L'AGRICULTURE

SERVICE

DU

CRÉDIT MUTUEL

ET DE LA

COOPÉRATION AGRICOLES

Circulaire n° 32

Paris, le 15 décembre 1907.

LE MINISTRE DE L'AGRICULTURE A M. LE PRÉFET DE

Avances à long terme aux sociétés coopératives de production, de transformation et de vente des produits agricoles. — La loi du 29 décembre 1906 a autorisé l'allocation aux sociétés coopératives agricoles d'avances à long terme sur les redevances que verse annuellement au Trésor la Banque de France, en vertu de la convention du 31 octobre 1896 approuvée par loi du 17 novembre 1897.

Ces sommes accordées gratuitement par l'État aux caisses régionales de crédit mutuel sont mises par celles-ci à la disposition des sociétés coopératives moyennant un certain intérêt. Ces avances sont remboursables dans un délai maximum de vingt-cinq années ; elles sont réparties par une commission spéciale instituée auprès de mon département et dont la composition est réglée par la loi du 29 décembre 1906.

Les instructions qui suivent ont pour objet :

1° D'indiquer les services que peut rendre à notre agriculture nationale l'association sous la forme coopérative ;

2° De préciser les dispositions législatives qui se rapportent aux sociétés coopératives agricoles ainsi que les régimes juridiques qui leur sont applicables ;

- 3° D'expliquer le mode d'attribution des avances et les règles à observer pour la transmission des demandes à mon administration.

1

La coopération et les services qu'elle est appelée à rendre
aux agriculteurs.

Ancienneté de l'association dans l'agriculture. — De tout temps, les
hommes ont compris la nécessité de s'associer. Les agriculteurs notamment
n'ont pas échappé à cette règle commune et ils se sont groupés pour améliorer leurs conditions d'existence, pour travailler en commun et pour obtenir des produits de qualité supérieure. Parmi les plus anciennes formes
d'associations entre agriculteurs qui ont presque disparu, on peut signaler les communautés de familles, véritables coopératives pour l'exploitation en commun du sol. D'autres groupements d'origine plus récente ont
continué à se développer de nos jours : ce sont, par exemple, les fruitières
ou fromageries coopératives de gruyère dont l'origine remonte cependant
déjà au douzième siècle.

Nécessité de l'association pour les agriculteurs. — Au fur et à mesure
des progrès de la civilisation, les associations, suivant en cela la loi de
l'histoire, se sont de plus en plus diversifiées, spécialisées et multipliées.
La nécessité de s'associer s'est surtout imposée aux agriculteurs à la fin du
siècle dernier, par suite du développement des voies de communication, de
la rapidité et de la baisse des prix des transports qui ont étendu les relations d'échange à ce que l'on a pu appeler le marché mondial.

Cette extension du trafic a rendu la concurrence de plus en plus vive,
non pas seulement entre les agriculteurs d'un même pays, mais entre les
agriculteurs du monde entier. De l'impuissance de l'effort individuel et de
la nécessité d'éviter la crise qui pesait sur l'agriculture est né chez le tra-
vailleur l'impérieux besoin de s'unir à ses voisins.

*Encouragements donnés aux diverses associations mutuelles agri-
coles.* — Le gouvernement de la République, toujours soucieux des intérêts de l'agriculture et puissamment aidé par le Parlement, n'a ménagé
aucun des moyens qui étaient à sa disposition pour entraîner les agriculteurs dans la voie féconde de l'association.

A la loi du 21 mars 1884 sur les syndicats professionnels, qui a donné
de si remarquables résultats, ont succédé les lois spéciales des 5 novembre
1894, 17 novembre 1897, 31 mars 1899, 25 décembre 1900, 20 juillet 1901
et 14 janvier 1908 qui ont permis la création, sous un régime de faveur, de
sociétés locales et de caisses régionales de crédit agricole mutuel et mis
des sommes importantes à leur disposition.

Puis vint la loi du 4 juillet 1900 qui, en dehors des formalités compli-
quées et coûteuses de la loi du 24 juillet 1867, autorisa la constitution de
sociétés d'assurances mutuelles contre les risques agricoles (mortalité du
bétail, incendie, grêle, orages), au profit desquelles un crédit de 1 million
200 000 francs est inscrit annuellement au budget du ministère de l'agriculture.

Continuant enfin son œuvre d'extension des institutions basées sur le
principe de solidarité professionnelle parmi nos laborieuses populations

rurales, en cherchant par tous les moyens à améliorer leur situation matérielle et morale, le gouvernement a tenu récemment, par la loi du 29 décembre 1906, à favoriser le développement des sociétés coopératives de production, de transformation et de vente des produits agricoles.

Services rendus aux agriculteurs par la coopération. — Ces sociétés coopératives sont appelées à rendre les plus grands services notamment aux petits cultivateurs qui, s'ils sont isolés, ne peuvent guère songer à d'autres débouchés qu'à ceux du marché local et qui ne peuvent même pas discuter efficacement les prix qui leur sont offerts.

Tout au contraire, les agriculteurs unis les uns aux autres, groupés en sociétés coopératives, peuvent tout d'abord offrir simultanément des quantités plus grandes de produits, avoir par suite des acheteurs plus nombreux et plus importants, supprimer, par ce fait, certains intermédiaires inutiles et obtenir des prix plus rémunérateurs.

Ces sociétés, par la recherche de débouchés nouveaux, sont à même d'être en relation directe avec les consommateurs isolés ou associés. Elles peuvent grouper leurs produits selon les exigences de la consommation, en les présentant mieux, en les triant, les classant, en les emballant avec plus de soins.

En livrant leurs produits par wagons complets elles obtiennent de notables réductions sur les frais de transport, quelquefois même des tarifs spéciaux plus réduits.

Elles peuvent, en outre, en connaissant mieux les acheteurs, faire des enquêtes sur la solvabilité de certains d'entre eux, ce qui leur permet d'établir une sélection rationnelle de leurs débouchés et de vendre avec toutes les garanties nécessaires.

Sachant quel est le goût des consommateurs, l'association coopérative contribue également à améliorer la qualité des produits, à créer des marques, à présenter des marchandises plus soignées et de qualité supérieure qui font prime sur le marché.

Enfin, pour les produits devant être transformés, l'utilité des sociétés coopératives est plus grande encore, puisque l'agriculteur isolé ne pourrait supporter les frais de cette transformation ou plus souvent n'aurait que trop peu de produits transformés pour en obtenir un prix de vente avantageux.

Les sociétés coopératives ont d'ailleurs pris dans notre pays un développement assez grand pour que l'on puisse apprécier les services signalés qu'elles rendent déjà aux cultivateurs.

Buts divers des coopératives : la vente en commun. — La forme de coopération la plus simple en agriculture est la réunion des producteurs pour la vente en commun ; elle a déjà donné les résultats les plus satisfaisants aux agriculteurs qui se sont groupés pour vendre les divers produits végétaux ou animaux provenant de leur exploitation : blé, céréales, pommes de terre, légumineuses alimentaires, fourrages, primeurs et légumes (oignons, artichauts, petits pois, choux, choux-fleurs, tomates, etc.), fleurs et oignons à fleurs, câpres, fruits frais ou conservés : raisins, fraises, cerises, poires, pommes, prunes, mirabelles, pruneaux, olives ; houblons, betteraves, plantes oléagineuses et textiles ; lait, beurre, fromage ; soie, laine ; bestiaux et viandes abattues.

Conservation et transformation des produits. — L'utilité de la coopération s'est encore plus affirmée pour la conservation et la transformation de ces produits et nous voyons aujourd'hui se créer d'un bout à l'autre du territoire des meuneries-boulangeries et féculeries coopératives, des distilleries et sucreries, des fabriques de conserves de fruits et légumes, des huileries, des distilleries coopératives pour le traitement de la résine, la distillation des fleurs d'oranger et la production des parfums ; des laiteries, beurreries, fromageries coopératives ; des porcheries, abattoirs coopératifs ; des sociétés d'élevage et écuries coopératives ; des coopératives séricicoles, vinicoles ou caves coopératives.

Exploitation en commun du sol. — La coopération peut également rendre les plus grands services aux agriculteurs pour l'exploitation en commun du sol. Cette forme de coopération, qui s'est rapidement développée pendant ces dernières années en Italie, est encore presque inconnue en France et cependant elle serait avantageuse dans les régions de grande propriété comme dans celles de morcellement extrême.

Installations d'immeubles ou opérations agricoles d'intérêt collectif. — Enfin, les sociétés coopératives peuvent encore avoir pour but l'acquisition, la construction, l'installation et l'appropriation de bâtiments, ateliers, magasins, l'achat et l'utilisation de matériel de transport, de machines et d'instruments nécessaires à des opérations agricoles d'intérêt collectif comme les étouffoirs coopératifs de cocons, les hangars collectifs, les coopératives de battage et d'outillage agricole.

II

Dispositions législatives s'appliquant aux sociétés coopératives agricoles. Leurs divers régimes juridiques.

Le crédit aux sociétés coopératives avant la loi de 1906. — Le besoin de crédit chez l'agriculteur isolé est devenu à plus forte raison une impérieuse nécessité pour les coopératives agricoles. Jusqu'à ces dernières années, ces sociétés ont pu se procurer l'argent qui leur était nécessaire pour leur fonds de roulement auprès des sociétés locales de crédit agricole au même titre que les agriculteurs isolés. Ce crédit ainsi consenti était mobilier et à court terme. Les coopératives étaient dans l'impossibilité d'emprunter, par exemple, pour des achats d'immeubles, pour des installations nouvelles ou pour des acquisitions de matériel, amortissables seulement après un assez grand nombre d'années. Elles devaient, pour ces opérations, se contenter de leurs capitaux propres ou se procurer elles-mêmes, en dehors des sociétés locales de crédit agricole, les fonds dont elles avaient besoin. Il y avait là pour elles une situation particulièrement difficile ; c'est qu'en effet cet argent leur était surtout nécessaire au moment même de leur fondation, alors que les prêteurs se montrent toujours plus défiants, parce qu'ils ont affaire à une institution nouvelle dont ils n'ont pu apprécier ni la solvabilité ni le bon fonctionnement.

La loi du 29 décembre 1906. — C'est pour remédier à cette lacune que le gouvernement de la République a fait voter par le Parlement la loi du 29 décembre 1906.

Obligations fondamentales imposées aux sociétés coopératives. — L'historique de cette loi serait long ; il nous suffit ici de rappeler son but : elle permet aux caisses régionales de consentir aux sociétés coopératives régulièrement affiliées à une caisse locale de crédit agricole mutuel, régie par la loi du 5 novembre 1894, des avances spéciales, à long terme, remboursables dans un délai maximum de vingt-cinq années et pouvant être utilisées à des achats ou constructions d'immeubles, ainsi qu'à leur installation et leur aménagement (art. 1 al. 1).

Ces avances ne pourront dépasser le double du capital versé des sociétés coopératives agricoles (art. 6 al. 2). D'autre part, le total des avances ainsi accordées ne pourra dépasser le tiers des redevances versées annuellement par la Banque de France dans les caisses du Trésor en vertu de la convention du 31 octobre 1896, approuvée par la loi du 17 novembre 1897 (art. 1 al. 2).

La loi du 29 décembre 1906 ne précise en aucune façon le type juridique que devront adopter les sociétés coopératives demandant des avances de l'État. Elle exige seulement que tous les membres de sociétés coopératives fassent partie d'un syndicat agricole. Elle n'admet à recevoir ces avances que les sociétés ne réalisant pas de bénéfices commerciaux (art. 4), quel que soit leur régime juridique.

Les sociétés coopératives n'ont pas encore de place à part dans notre législation et on peut se demander quel est le régime juridique qui convient le mieux aux coopératives agricoles.

Le décret du 26 août 1907 portant règlement d'administration publique est la seule disposition qui les régisse. Un projet de loi sur les sociétés coopératives fut bien adopté par la Chambre des députés en 1899 ; mais après avoir été plusieurs fois renvoyé d'une Chambre à l'autre, il a fini par échouer devant le Sénat et n'a pas été repris depuis.

Régime juridique. — La coopération est un simple procédé économique de répartition des bénéfices réalisés entre les coopérateurs et ne constitue pas, de ce fait, un type particulier de société. Les sociétés coopératives ne sont, par conséquent, régies que par le droit commun en matière de sociétés. Or, les sociétés françaises sont régies principalement :

1° Soit par le Code civil dans son livre III, titre IX, Du contrat de sociétés, articles 1832 à 1873 ;

2° Soit par le Code de commerce, livre I, titre III, art. 18 à 64 ; et par les lois des 24 juillet 1867 et 1er août 1893.

Les sociétés coopératives ont adopté surtout la forme de sociétés civiles et de sociétés anonymes à capital variable. Ce sont d'ailleurs les types qui leur conviennent le mieux.

Quelques-unes se sont aussi constituées suivant d'autres formes de sociétés commerciales (association en participation, société en nom collectif, en commandite anonyme), mais ce sont là plutôt des exceptions.

Ces instructions ne s'étendront qu'aux sociétés à capital variable.

A. — Sociétés coopératives a forme civile

Les sociétés constituées d'après les articles 1832 à 1873 du Code civil sont les plus répandues parmi les coopératives agricoles de transformation des produits. Presque toutes les laiteries coopératives notamment se sont créées sous cette forme.

Constitution de la société. — La raison en est sans doute dans ce fait que la forme civile est celle qui nécessite le moins de formalités de constitution. « La société commence à l'instant même du contrat, s'il ne désigne une autre époque » (Code civil, art. 1843). Il n'y a aucune déclaration à faire, aucune publicité à accomplir.

Quant à la forme même du contrat, l'article 1834 dispose que: « Toutes sociétés doivent être rédigées par écrit, lorsque leur objet est d'une valeur de plus de cent cinquante francs. » Ce n'est là d'ailleurs que l'application du droit commun (cf. 1341). Les sociétés fondées pour un temps limité ne peuvent être prorogées que par un écrit revêtu des mêmes formes que le contrat de société (Code civil, art. 1866).

La jurisprudence a apporté une exception pour les fruitières ou fromageries coopératives. Elles existaient dans l'Est bien avant notre Code civil et, à défaut de règlement, sont régies par les usages locaux. (Chambéry, 20 mai 1870 ; Besançon, 23 avril 1845, 12 mars 1867.) Cette exception, qui était autrefois justifiée, n'a plus de raison d'être actuellement.

La société coopérative, pour être régulièrement constituée sous la forme civile, doit émaner d'un acte écrit, c'est-à-dire d'un acte sous seing privé ou d'un acte authentique.

L'acte authentique est de beaucoup préférable à l'acte sous seing privé ; il est passé par-devant notaire et évite toute erreur possible. Cependant, les agriculteurs hésitent parfois et, reculant devant les frais occasionnés par l'intervention du notaire, préfèrent souvent un simple acte sous seing privé.

Il faut attirer à ce sujet l'attention des agriculteurs qui voudraient recourir à ce procédé sur une disposition contenue dans l'article 1325 du Code civil. Cet article exige qu'en pareil cas « les actes sous seing privé qui contiennent des conventions synallagmatiques ne sont valables qu'autant qu'ils ont été faits en autant d'originaux qu'il y a de parties ayant un intérêt distinct». Chaque sociétaire possède ainsi comme moyen de preuve le double du contrat de société auquel il adhère. L'article 1325 dispose en outre (alinéa 3) que « chaque original doit contenir la mention du nombre des originaux qui en ont été faits ». Ces dispositions pourraient soulever quelques difficultés lorsque les sociétaires fondateurs de la coopérative sont nombreux, mais il est facile d'y remédier. Tout d'abord il est à remarquer que la société civile peut être constituée entre un petit nombre de membres, la loi n'exigeant aucun chiffre. La société étant ainsi constituée avec des cadres réduits, d'autres personnes peuvent adhérer. La jurisprudence moderne atténue d'ailleurs d'une manière notable la rigueur de l'article 1325 du Code civil. En pratique, on se dispense souvent de la confection des originaux multiples en déposant un original, signé de toutes les parties contractantes, entre les mains d'un tiers choisi d'un commun accord. Ce dépositaire est chargé de conserver l'acte dans l'intérêt de tous les sociétaires. Le plus souvent cette mission est confiée à un notaire et il suffit même dans ce cas que l'original lui ait été remis sans qu'il ait été dressé acte du dépôt (Cassation, 10 décembre 1884 ; Paris, 3 décembre 1892). Il est toujours utile en outre de conserver un original au siège de la société.

On peut encore éviter toute contradiction possible par la formalité bien simple de l'enregistrement du contrat de société.

Avantages de la forme civile. — Les sociétés civiles offrent l'avantage incontestable d'une grande liberté dans l'élaboration de leurs statuts. Aucune règle ne leur est imposée pour la constitution du capital, les apports, l'administration, les assemblées générales. Suivant l'article 1134 du Code civil, « les conventions légalement formées tiennent lieu de loi à ceux qui les ont faites ». Le mode d'administration de ces sociétés n'est régi par le code, dans ses articles 1856 et suivants, qu'à défaut de stipulations à ce sujet contenues dans les statuts (cf. article 1859 Code civil.)

La seule prohibition qu'apporte le code à cette liberté est contenue dans l'article 1855 qui dispose que « : La convention qui donnerait à l'un des associés la totalité des bénéfices est nulle.

« Il en est de même de la stipulation qui affranchirait de toute contribution aux pertes les sommes ou effets mis dans le fonds de la société par un ou plusieurs des associés. »

En deçà de ces limites, on peut adopter toutes les bases de répartition qu'il plaît aux associés de spécifier.

Si l'acte de société ne détermine pas la part de chacun dans les bénéfices ou pertes, elle est en proportion de sa mise dans le fonds de la société. Mais on peut parfaitement convenir que les parts seront inégales pour des mises égales ou, réciproquement, que les parts seront égales pour des mises inégales.

On a, de même, toute latitude pour la division du capital en parts, celles-ci pouvant être de valeur égale ou inégale.

La question de savoir si une société civile peut se constituer par actions dans les formes civiles est encore controversée ; on incline cependant à la résoudre par l'affirmative. Les sociétés coopératives agricoles constituées suivant les dispositions du Code civil ne se sont d'ailleurs guère préoccupées de partager leur capital en actions.

Les coopératives agricoles du type civil ont bénéficié jusqu'ici d'autres avantages encore parmi lesquels nous pouvons signaler l'exemption de la patente et de l'impôt sur le revenu des valeurs mobilières. On a, en effet, considéré à juste titre que ces sociétés sont des sociétés de personnes, d'agriculteurs, vendant ou transformant les produits provenant exclusivement de leur exploitation et étant, par suite, dispensées de la patente par application de l'article 17 de la loi du 15 juillet 1880 qui en exempte « les laboureurs et cultivateurs... ».

Cette catégorie de coopératives agricoles se contente d'ailleurs presque toujours de répartir entre les sociétaires le produit des ventes, déduction faite des frais généraux et des amortissements. L'article 632 du Code de commerce ne saurait en effet leur être appliqué, ces opérations ne rentrant aucunement dans la définition qu'il donne de l'acte de commerce.

Il en est de même pour l'exemption de l'impôt sur le revenu des valeurs mobilières. Beaucoup de sociétés n'ont pas à proprement parler créé de parts d'intérêts et il était dès lors impossible de leur appliquer l'impôt de 4 % sur le revenu des valeurs mobilières, établi par la loi du 29 juin 1872 et la loi de finances du 26 décembre 1890.

Il semble en outre que l'on pourrait interpréter en faveur des sociétés coopératives agricoles la loi du 1er décembre 1875 ainsi que la loi de finances du 30 décembre 1903, qui, modifiant toutes deux les lois de 1872 et de 1890, déclarent que cet impôt ne sera pas perçu « sur les parts d'intérêt dans les sociétés de toute nature dites de coopération, formées exclusivement entre des ouvriers ou artisans au moyen de leur cotisation périodique ».

Inconvénients de la forme civile. — Par contre, la forme civile entraîne pour les sociétés coopératives qui l'adoptent certaines conséquences qui peuvent sembler gênantes au premier abord, et que ne présentent pas les sociétés anonymes à capital variable.

On a notamment discuté, pendant longtemps, le point de savoir si les sociétés civiles jouissaient de la personnalité. La jurisprudence a maintenant, et d'une manière très nette, reconnu ce point et les controverses à ce sujet sont désormais d'ordre purement théorique.

La responsabilité des associés n'est pas solidaire comme on a souvent tendance à le croire. L'article 1862 le dit nettement : « Dans les sociétés, autres que celles de commerce, les associés ne sont pas tenus solidairement des dettes sociales, et l'un des associés ne peut obliger les autres, si ceux-ci ne lui en ont conféré le pouvoir. » Mais les associés sont tenus à l'infini (c'est-à-dire qu'ils ne sont libérés de leurs obligations que par la prescription trentenaire) sur leurs biens propres, des engagements de la société envers les tiers.

Et l'article 1863 précise : « Les associés sont tenus envers le créancier avec lequel ils ont contracté, chacun pour une somme et part égales, encore que la part de l'un d'eux dans la société fût moindre, si l'acte n'a pas spécialement restreint l'obligation de celui-ci sur le pied de cette dernière part. »

Si l'on n'y prend garde, l'article 1865 peut apporter aussi une certaine gêne au fonctionnement pratique des sociétés civiles. Il stipule en effet que la société est dissoute de plein droit par la mort, l'interdiction ou la déconfiture de l'un des associés, ou, si la durée de la société est illimitée, par la volonté d'un ou plusieurs d'entre eux (cf. article 1869).

Mais on peut parfaitement convenir que la société continuera à exister entre les autres associés, avec les survivants ou les héritiers du défunt, si ceux-ci adhèrent aux conditions de la société.

Il faut encore, afin de n'avoir pas à demander le consentement de tous les associés, donner dans les statuts un mandat spécial aux administrateurs pour qu'ils puissent accepter de nouveaux sociétaires, transiger, compromettre, se désister d'une hypothèque ou autre garantie appartenant à la société, donner mainlevée d'une inscription avant l'extinction de la créance, faire remise d'une dette, contracter un emprunt au nom de la société, hypothéquer les immeubles sociaux. Quant à l'hypothèque, il est nécessaire pour sa validité que l'acte qui autorise les administrateurs à la consentir, et dans lequel l'hypothèque prend sa source, soit dressé en la forme authentique, c'est-à-dire par acte notarié.

La loi du 1ᵉʳ août 1893 dans son article 6 a disposé qu'« il pourra être consenti hypothèque au nom de toute société commerciale en vertu des pouvoirs résultant de son acte de formation même sous seing privé », mais cette disposition n'a été étendue par aucun texte aux sociétés civiles.

La délibération qui nomme les administrateurs doit-elle être aussi revêtue de la forme authentique ?

Les avis sont partagés en doctrine. M. Vavasseur pense que cette formalité n'est pas nécessaire, mais, lorsque le pouvoir de conférer résulte des statuts sociaux, il se demande si ce n'est pas à la condition qu'ils aient un caractère authentique.

M. Planiol déclare que, malgré la rédaction absolue de l'article 2127, qui exige que l'acte constitutif d'hypothèque soit « passé en forme authentique devant deux notaires ou devant un notaire et deux témoins », la jurisprudence a maintenu une forme traditionnelle d'après laquelle une hypothèque est valablement constituée par un acte sous seing privé lorsque cet acte a été déposé chez un notaire par les deux parties contractantes ou même par le constituant seul. On peut, selon lui, appliquer à la procuration donnant mandat aux administrateurs le même tempérament qu'à l'acte lui-même, et elle est valable, quand, après avoir été donnée sous seing privé, elle a fait dans la suite l'objet d'un acte de dépôt chez un notaire. M. Planiol cite en ce sens plusieurs arrêts de Cassation.

Il ne paraît donc pas nécessaire que l'acte de constitution d'une société civile soit passé devant un notaire, il pourrait être simplement constitué par acte sous seing privé et déposé ensuite chez un notaire.

B. — Sociétés coopératives
ADOPTANT LA FORME DES SOCIÉTÉS ANONYMES A CAPITAL VARIABLE

Les sociétés ainsi formées sont des sociétés civiles régies, quant à leur forme, par le Code de commerce et les lois de 1867 et 1893. Parmi les formes commerciales adoptées par les sociétés coopératives agricoles, la forme de la société anonyme à capital variable est la plus répandue après le type civil.

D'ailleurs, ces sociétés coopératives accomplissant des actes purement civils sont des sociétés civiles qui prennent simplement une forme commerciale. Cependant, depuis la loi du 1ᵉʳ août 1893, ces sociétés, bien que civiles, « sont déclarées commerciales et soumises aux lois et usages du commerce ».

Elles sont par conséquent justiciables des tribunaux de commerce ; bien qu'elles ne faisant pas d'acte de commerce et n'étant pas, par ce fait même, commerçantes, elles peuvent être mises en faillite.

Ces sociétés sont régies par le titre III du livre I du Code de commerce et par la loi du 24 juillet 1867 modifiée par celle du 1ᵉʳ août 1893.

Nous avons indiqué plus haut que les sociétés civiles jouissent de la plus entière liberté pour la rédaction de leurs statuts, leur administration, et ne sont astreintes à aucune formalité spéciale. Au contraire, les sociétés anonymes à capital variable sont soumises à des formalités très minutieuses et nécessairement assez coûteuses.

Ces formalités ont été imposées par la loi comme garantie pour les tiers. La responsabilité des associés est, en effet, limitée dans ces sociétés au montant des parts souscrites, et ces sociétés sont considérées plutôt comme des sociétés de capitaux que comme des sociétés de personnes.

Nous ne pouvons ici que résumer de manière très succincte les règles auxquelles sont soumises la constitution, la publicité et le fonctionnement de ces sociétés.

L'acte de société doit être un acte écrit, sous seing privé ou authentique.

Constitution de la société. — En principe, l'acte sous seing privé devrait, comme nous l'avons indiqué plus haut pour les sociétés civiles, être fait en autant d'originaux que de parties. Mais la loi du 24 juillet 1867 a apporté une dérogation précise à cette règle en disposant que, si l'acte contenant les statuts est sous seing privé, il doit être fait, quel que soit le nombre des associés, en double original, dont l'un est annexé à la déclaration de souscription et de versement, l'autre restant déposé au siège social.

Mais l'article 55 de la loi prescrit aussi le dépôt, « dans le mois de la constitution » de la société, « d'un double de l'acte constitutif, s'il est sous seing privé, au greffe de la justice de paix et du tribunal de commerce du lieu dans lequel est établie la société ».

C'est donc en réalité quatre originaux qui sont nécessaires, à moins de rédiger simplement l'acte en double original et de déposer seulement aux greffes, pour les publications, des expéditions des statuts sous seing privé délivrées par le notaire qui a reçu l'acte de déclaration de souscription et de versement auquel doit être annexé l'un des doubles de l'acte de société.

Le capital social doit être souscrit en totalité. Il ne peut « être porté par les statuts constitutifs de la société au-dessus de la somme de 200 000 francs. Il pourra être augmenté par les délibérations de l'assemblée générale, prises d'année en année, chacune des augmentations ne dépassant pas non plus 200 000 francs » (art. 49).

Le montant de l'action peut être abaissé jusqu'à 25 francs seulement et il suffit d'en verser le dixième lors de la constitution (art. 51), soit 2f50.

Les parts doivent être entièrement libérées lorsqu'elles représentent les apports ne consistant pas en numéraire.

Ces souscriptions et versements doivent être constatés par une déclaration notariée faite par les fondateurs, à laquelle doivent être annexés : l'un des doubles de l'acte de société, s'il est sous signature privée, ou une expédition s'il est notarié et reçu par un autre notaire, la liste nominative des souscripteurs, le nombre d'actions appartenant à chacun d'eux et la quotité de leurs versements (art. 1).

Les associés doivent être au nombre de sept au moins lors de la constitution (art. 23), ce maximum n'étant pas nécessaire pour la signature des statuts.

Assemblées générales constitutives. — Les fondateurs doivent convoquer une première assemblée générale des sociétaires pour apprécier la valeur des apports et la cause des avantages stipulés et pour vérifier la sincérité de la déclaration notariée. Cette assemblée doit nommer les commissaires ou experts chargés d'apprécier la valeur des apports et la cause des avantages stipulés. Leur rapport, imprimé, doit être tenu à la disposition des sociétaires cinq jours au moins avant la réunion d'une deuxième assemblée générale qui délibère et statue sur les conclusions de ce rapport. Elle doit nommer, en même temps, les premiers administrateurs et les commissaires prévus par l'article 32 de la loi de 1867.

Une seule assemblée générale suffit s'il n'y a pas d'apports en nature ou d'avantages particuliers, ou si la société à laquelle est fait l'apport est formée uniquement entre ceux qui en étaient, auparavant, propriétaires par indivis.

Ces assemblées générales doivent être composées d'un nombre de sociétaires représentant la moitié au moins du capital social non soumis à vérification (art. 30). Les apports et avantages doivent être approuvés par une majorité comprenant le quart des sociétaires et représentant le quart du capital social en numéraire (art. 4 et 24).

Si l'assemblée générale ne représente pas la moitié du capital social, elle ne peut prendre qu'une délibération provisoire. Dans ce cas, une nouvelle assemblée générale doit être convoquée. Deux avis publiés à huit jours d'intervalle, au moins un mois à l'avance, dans l'un des journaux désignés pour recevoir les annonces légales, font connaître alors aux sociétaires les résolutions provisoires adoptées par la première assemblée. Ces résolutions deviennent définitives si elles sont approuvées par la nouvelle assemblée générale qui doit être composée d'un nombre de sociétaires représentant le cinquième au moins du capital social (art. 30).

Les administrateurs ne peuvent pas être nommés pour plus de six ans. Cependant si, au lieu d'être nommés par l'assemblée générale constitutive, ils ont été désignés par les statuts, la durée maxima de leurs fonctions est réduite à trois années (art. 25).

La société est alors valablement constituée après l'acceptation des administrateurs et commissaires.

Publicité. — Quant à la publicité de ces sociétés on doit observer un système spécial et très complet de publicité décrit au titre IV de la loi (art. 55 à 65). Il faut suivre très minutieusement ces formalités à remplir que nous classerons ici en deux catégories.

a) *Formalités à remplir à l'origine de la société.* — 1° Le dépôt de l'acte de société dans un lieu public (greffes de la justice de paix et du tribunal de commerce du lieu dans lequel est établie la société). En outre, un certain nombre de pièces relatives à la constitution doivent y être annexées ; expédition de l'acte notarié constatant la souscription du capital social et le versement, copie certifiée de délibération d'assemblées générales et liste nominative des associés contenant leurs nom, prénoms, qualités, demeure et le nombre d'actions possédé par chacun d'eux (art. 55).

2° L'insertion d'un extrait de l'acte constitutif et des pièces annexées dans un journal d'annonces légales.

Le tout dans le délai d'un mois à partir de la constitution.

b) *Publicité permanente.* — Elle consiste :

1° Dans l'affichage des pièces déposées, d'une manière apparente, dans les bureaux de la société.

2° Dans l'indication sur les factures et documents sociaux de la nature de la société et du chiffre du capital social (art. 64).

Ce système de publicité est complété par le droit donné à toute personne d'avoir communication des pièces déposées, ainsi que copie certifiée des statuts moyennant payement d'une somme qui ne pourra excéder 1 franc (art. 63).

Les premières formalités doivent être remplies à peine de nullité de la société à l'égard des intéressés (art. 41).

Toute contravention aux secondes formalités est punie d'une amende de 50 à 1 000 francs.

Inconvénients de la forme commerciale. — Quant à leur organisation intérieure, les sociétés anonymes à capital variable ne jouissent pas de la même autonomie que les sociétés civiles. La loi réglemente minutieusement la nomination des administrateurs, elle leur impose la possession d'un certain nombre d'actions qui doivent être affectées à la garantie de leur gestion et déposées pour cela avec certaines formes dans la caisse sociale (art. 26). La loi précise de même leurs responsabilités à l'égard de la société ou des tiers. Elle prescrit la nomination d'un ou plusieurs commissaires de surveillance qui peuvent ne pas être souscripteurs d'actions. La loi réglemente encore les assemblées générales des sociétaires, exigeant qu'il y en ait au moins une par an pour entendre le rapport des administrateurs, approuver le bilan et les comptes, régler l'emploi des bénéfices s'il n'est pas fixé par les statuts, nommer les commissaires, renouveler le conseil d'administration, autoriser les administrateurs à faire certains actes dépassant leurs pouvoirs ordinaires. La loi précise que les commissaires ont droit, pendant le trimestre qui précède l'assemblée générale, de prendre communication des livres et d'examiner les opérations de la société, toutes les fois qu'ils le jugent convenable dans l'intérêt social.

Un état sommaire de la situation active et passive de la société doit être dressé chaque semestre et mis à la disposition des commissaires. L'inventaire, le bilan et le compte des profits et pertes doivent leur être communiqués quarante jours au moins avant l'assemblée générale.

Le bilan, l'inventaire et la liste des sociétaires doivent de même être tenus à la disposition de tous les associés quinze jours au moins avant l'assemblée générale.

En outre, la loi exige qu'un prélèvement d'un vingtième (1/20) au moins sur les bénéfices nets soit opéré annuellement et affecté à la formation d'un fonds de réserve jusqu'à ce que ce fonds de réserve ait atteint le dixième (1/10) du capital social (art. 36).

La loi règle encore minutieusement le quorum nécessaire pour la modification des statuts, les délais de convocation pour les assemblées, les augmentations et diminutions du capital, la négociation des actions, le retrait et l'exclusion des associés, la dissolution de la société. Elle spécifie enfin que la société n'est point dissoute par la mort, la retraite, l'interdiction, la faillite ou la déconfiture de l'un des associés et qu'elle continuera de plein droit entre les autres sociétaires.

Tels sont, esquissés à grands traits, les formalités et règlements qui s'appliquent aux sociétés à capital variable.

Avantages de la forme commerciale. — Par contre, ces sociétés bénéficient de certains avantages. La responsabilité de chaque associé est limitée au montant des parts souscrites par lui. Ces associés, soumis aux lois et aux usages du commerce, relèvent de la juridiction commerciale, généralement plus rapide et moins coûteuse que la juridiction civile. La déclaration de faillite leur est applicable avec ses sanctions contre les détournements et les dissipations, ses règles protectrices de l'égalité entre créanciers et la rapidité de la réalisation et de la répartition de l'actif. Enfin, la tenue des livres qui leur est imposée est très utile pour le contrôle des opérations de la société.

Nous ne parlerons pas de la distinction entre les actions et les parts d'intérêts ; elle n'est pas faite dans la loi et donne lieu, en doctrine comme en jurisprudence, à de grandes discussions.

Toutes les sociétés coopératives agricoles qui empruntent la forme des sociétés commerciales, et notamment celle de la société anonyme à capital variable, évitent généralement avec soin d'employer le mot action. Elles ne se servent que du mot part, restreignant le plus souvent la négociabilité de ces parts, avec l'intention manifeste de ne pas avoir le caractère de sociétés de capitaux, mais d'être, ce qui en réalité doit rester leur fait, des sociétés de personnes.

Nous n'avons pas non plus parlé des adhérents admis, à tort selon nous, dans certaines sociétés. Ils peuvent donner à la société un caractère commercial et, de plus, la part pouvant être de valeur si minime (25 francs, dont un dixième seulement peut être versé), nous estimons qu'il est de bonne administration, pour les sociétés, d'exiger de tout le monde la qualité de véritable sociétaire.

Au point de vue fiscal, il semble bien cependant que l'on tende à considérer ces sociétés plutôt comme sociétés de capitaux. L'administration des contributions directes vient en effet d'imposer à la patente un certain nombre de caves coopératives constituées sous forme de sociétés anonymes à capital variable, en considérant que ces sociétés ont une personnalité distincte de celle de leurs membres et des intérêts différents des leurs ; qu'elles ne s'identifient donc pas avec leurs associés et ne peuvent, par suite, se prévaloir de l'exonération de patente à laquelle ceux-ci, considérés individuellement, pourraient avoir droit comme cultivateurs, en vertu de l'article 17, § 3, de la loi du 15 juillet 1880, en ce qui concerne la manipulation et la vente des produits provenant de leur propriétés.

L'administration s'appuie pour cela sur divers arrêts du Conseil d'État qui visent d'ailleurs des sociétés n'ayant pas un caractère très nettement ou assez clairement coopératif, et pour lesquelles ce considérant n'est de plus invoqué qu'accessoirement. En outre, ces sociétés faisaient des achats fermes à leurs membres et se chargeaient, à leurs risques et périls, en tant que sociétés, des produits que leur avaient ainsi fournis leurs sociétaires au prix ordinaire du commerce. Cette façon d'opérer souligne évidemment beaucoup la distinction qui peut exister entre la personnalité de la société et celle de ses membres, et c'est sans doute pour cette raison que l'administration parle d' « opérations commerciales ».

Il ne nous semble pas qu'étant données les sociétés visées par ces arrêts, on puisse considérer cette jurisprudence comme définitivement établie. Mais il est prudent quand même, pour les sociétés coopératives de ce type, d'envisager la possibilité d'être soumises à la patente.

Nous n'avons fait ici que la description rapide des deux principaux types en usage de sociétés coopératives agricoles, en indiquant sommairement leurs régimes juridiques, mais de façon que les agriculteurs puissent toutefois se rendre facilement compte des avantages et des inconvénients de chacun d'eux et puissent opter pour l'un ou l'autre en pleine connaissance de cause.

IV

Sociétés coopératives pouvant recevoir des avances. — Loi du 29 décembre 1906. — Décret du 30 mai 1907. — Règlement d'administration publique du 26 août 1907. — Statuts. — Procédure des demandes d'avances.

Nature des sociétés. — La loi du 29 décembre 1906 et le décret du 30 mai 1907 ont précisé le caractère des sociétés coopératives pouvant prétendre au bénéfice d'avances à long terme ainsi que la nature des opérations que peuvent faire ces sociétés.

Pour recevoir des avances, les sociétés coopératives devront être constituées par tout ou partie des membres d'un ou plusieurs syndicats professionnels et avoir pour but :

1° D'effectuer ou de faciliter les opérations concernant la production, la transformation, la conservation ou la vente des produits agricoles provenant exclusivement des exploitations des associés ;

2° L'acquisition, la construction, l'installation et l'appropriation des bâtiments, ateliers, magasins, matériel de transport ; l'achat et l'utilisation des machines et instruments nécessaires aux opérations agricoles d'intérêt collectif.

Ces sociétés coopératives pourront adopter le régime juridique qui leur conviendra le mieux : forme civile ou forme commerciale, selon leurs préférences.

Mais le décret du 26 août 1907 portant règlement d'administration publique, rendu en application de la loi, a spécifié, dans son chapitre II, articles 5 et 6, un certain nombre de conditions que devront remplir les statuts de ces sociétés :

1° Des clauses d'ordre général touchant la rédaction des statuts, l'organisation et le fonctionnement de la société : les statuts devront déterminer la circonscription territoriale des opérations, le mode d'administration de la société et le montant du capital social ;

2° Des clauses précisant le caractère coopératif de la société : les parts des sociétaires seront nominatives, exclusivement réservées à des agriculteurs membres d'un syndicat agricole. Leur taux de remboursement n'excédera en aucun cas leur prix initial ; aucun dividende ne sera attribué au capital ou aux fractions de capital et le taux des intérêts ne pourra dépasser 4 °/₀. Les excédents annuels, déduction faite des charges, amortissements, intérêt du capital, frais généraux, réserve légale, etc., ne pourront être répartis, s'il y a lieu, entre les coopérateurs, que proportionnellement aux opérations faites par eux avec la société coopérative. Enfin, les statuts devront fixer le nombre maximum de voix que pourra avoir un sociétaire, quel que soit le nombre de parts possédées par lui ;

3° Des clauses destinées à faciliter le contrôle de l'État et à garantir le remboursement des avances : toute modification projetée aux statuts devra être portée à la connaissance de la caisse régionale responsable du remboursement de l'avance, qui en fera part au ministre. Aucune modification ne pourra être considérée comme acquise avant qu'elle ait été autorisée par le ministre. La comptabilité devra être tenue conformément aux prescriptions du Code de commerce et aux instructions ministérielles. Enfin, les statuts devront faire connaître les dispositions prévues pour constituer une réserve destinée à amortir et à rembourser l'avance de l'État.

Procédure des demandes d'avance. — I. Pour obtenir des avances, les sociétés coopératives agricoles dont les statuts rempliront les conditions indiquées ci-dessus devront faire parvenir leur demande à la caisse régionale sous la responsabilité de laquelle elles se proposent d'obtenir ces avances. Elles devront y joindre les pièces ci-après :

1° Les statuts en double exemplaire de la société intéressée ;

2° La liste des souscripteurs avec mention du syndicat professionnel dont chacun d'eux fait partie et avec indication du capital versé ainsi que de son mode d'emploi ;

3° Les noms, qualités et domicile des membres du conseil d'administration et des commissaires des comptes ;

4° Une copie des délibérations de l'assemblée générale constitutive ;

5° La désignation de la caisse locale de crédit agricole mutuel, régie par la loi du 5 novembre 1894, à laquelle doit se rattacher ladite société coopérative aux termes de l'article 2 de la loi du 29 décembre 1906 ;

6° L'indication des immeubles possédés par la société et leur situation hypothécaire, dûment certifiée, avec énonciation de leur valeur et désignation de ceux qui sont proposés pour la garantie hypothécaire du remboursement de l'avance ;

7° Un mémoire justificatif à l'appui de la demande, avec projet et devis estimatif pour les travaux à exécuter, de même que pour l'achat et l'installation d'un matériel spécial, lorsqu'il y a lieu. ·

La caisse régionale pourra demander, en outre, les justifications complémentaires qu'elle jugerait nécessaires, notamment en ce qui concernerait la régularité de la constitution et des opérations de la société coopérative.

II. La caisse régionale, si elle acquiesce à la demande et la présente sous sa responsabilité, fait parvenir le dossier au préfet du département intéressé, qui le transmet au ministre de l'agriculture avec ses observations et conclusions.

A ce dossier sont joints, sous la signature des représentants de la caisse régionale :

1° Une copie de la délibération par laquelle cette caisse aura couvert de sa responsabilité la demande d'avance ;

2° L'exposé des garanties prises par elle pour le remboursement de l'avance et des conditions de contrôle à exercer sur les opérations de la société intéressée ;

3° Un tableau des engagements déjà contractés par la caisse et son dernier bilan.

L'article 3 du règlement d'administration publique ajoute que « la caisse régionale et la société coopérative doivent fournir aux personnes

chargées de l'instruction de la demande et des enquêtes tous renseignements et facilités pour l'accomplissement de leur mission ».

L'article 4 stipule en outre dans son alinéa 2 que « la décision motivée
du ministre est notifiée à la caisse régionale et à la société coopérative
agricole par l'intermédiaire des préfets des départements intéressés ».

Surveillance des sociétés coopératives. — Contrôle de leurs opérations. Garanties exigées pour le remboursement de l'avance.

Les sociétés coopératives qui ont bénéficié d'une avance sont soumises à
une certaine surveillance et à quelques formalités. Ces obligations sont
précisées par le règlement d'administration publique dans ses articles 7,
8, 9, 11 et 12, qui sont ainsi conçus :

ART. 7. — La caisse régionale ayant garanti le remboursement d'avances
doit veiller à ce qu'elles ne soient pas détournées de leur affectation.

Les modifications de projets et les changements d'emploi de ressources
devront être préalablement soumis par la société coopérative intéressée à
l'approbation de la caisse régionale et à la décision du ministre.

ART. 8. — Les avances ou fractions d'avances affectées soit à des travaux, soit à l'achat et à l'installation d'un matériel spécial ne sont versées
par la caisse régionale à la société coopérative qu'au fur et à mesure de la
réalisation des projets et à charge de justifications pour l'emploi des versements antérieurs.

ART. 9. — Avec les renseignements et pièces se référant à la garantie
donnée à une société coopérative agricole, la caisse régionale devra conserver constamment à jour la liste des membres du conseil d'administration de cette société, le texte de ses statuts, l'état des sommes ou acomptes
versés sur le montant total de l'avance.

Elle doit se faire délivrer chaque année, avant le 31 janvier, les inventaires et les bilans de l'exercice précédent, le relevé des opérations effectuées ou en cours pour l'emploi des avances consenties et la copie des
procès-verbaux d'assemblée générale.

ART. 11. — La caisse régionale doit exiger des sociétés coopératives
dont elle présente la demande soit la clause de responsabilité solidaire de
tous leurs membres, pour les opérations auxquelles elle attache sa garantie, soit un engagement solidaire qu'elle reconnaîtrait suffisant, signé par
tout ou partie des membres du conseil d'administration.

ART. 12. — Les fonctionnaires chargés d'examiner l'organisation et le
fonctionnement d'une caisse régionale, ou de la société coopérative agricole à laquelle a été consentie une avance de l'État, ont qualité pour vérifier la comptabilité et la gestion, pour constater l'exacte observation des
statuts ainsi que des prescriptions légales et réglementaires. Ils peuvent
exiger la production de toutes pièces justificatives.

Lorsqu'il s'agit de travaux à exécuter ou de l'achat et de l'installation
d'un matériel spécial, ils ont la faculté, soit au cours des opérations, soit
après leur achèvement, de constater s'il y a conformité avec les projets
dûment acceptés et les plans ou devis régulièrement fournis.

Ils consignent leurs observations et avis concernant l'état des immeubles et du matériel.

Ils signalent spécialement les cas dans lesquels la violation ou les modifications des statuts, diminuant les garanties de remboursement de l'avance, peuvent faire exiger le remboursement anticipé, conformément à l'article 6 de la loi du 29 décembre 1906.

La loi demande encore aux coopératives de donner à l'État tout un ensemble de garanties pour assurer le remboursement de l'avance qui leur a été consentie. C'est l'article 10 du règlement d'administration publique qui fixe ce point, spécifiant que :

« Lorsque les avances destinées aux sociétés coopératives agricoles seront attribuées pour l'établissement de magasins, entrepôts, usines ou autres constructions à édifier sur des terrains appartenant à ces sociétés, hypothèque sera immédiatement consentie au profit de l'État, par acte notarié, sur lesdits terrains avec extension stipulée ou formellement promise, selon les cas, sur les constructions à aménager ou à élever.

« Si les avances se réfèrent à l'acquisition de terrains et à la construction ou à l'aménagement de bâtiments sur ces terrains, promesse expresse d'hypothèque devra être spécifiée, au profit de l'État, sur l'ensemble des immeubles visés aux projets et l'hypothèque sera réalisée, suivant acte notarié, dès l'acquisition du terrain avec extension aux bâtiments selon les cas, ainsi qu'il est dit ci-dessus.

« La société coopérative doit justifier que les immeubles lui appartenant ne sont pas grevés de privilège ou d'hypothèque pouvant préjudicier à la garantie hypothécaire réclamée pour le remboursement de l'avance de l'État. »

La constitution de ces hypothèques entraînera nécessairement quelques dépenses pour les sociétés coopératives. Nous avons vu, pour les sociétés à forme civile, quelles sont les précautions à prendre quand l'acte de constitution de la société n'a pas été passé dans la forme authentique.

Pour les sociétés à forme commerciale il n'y aura pas de difficulté possible puisque, ainsi que nous l'avons indiqué, la loi du 1er août 1893 a spécifié qu' « il pourra être consenti hypothèque au nom de toute société commerciale en vertu des pouvoirs résultant de son acte de formation même sous seing privé ou des délibérations ou autorisations constatées dans les formes réglées par ledit acte ».

Mais ces quelques frais supplémentaires seront largement compensés par la facilité de crédit qui sera, de ce fait même, accordée aux sociétés coopératives. Il faut insister d'ailleurs sur ce fait que ce crédit leur est accordé avec un taux et pour une durée qu'elles ne trouveront sans doute pas dans des conditions aussi avantageuses, si elles ne cherchent pas à bénéficier de la loi du 29 décembre 1906.

L'amortissement et le remboursement des avances ainsi consenties par l'État aux sociétés coopératives feront, pour chaque cas particulier, l'objet d'une disposition spéciale qui sera portée à la connaissance de la caisse régionale et de la coopérative en même temps qu'elles seront informées que l'avance leur est accordée.

Ces amortissements devront être versés au fur et à mesure à l'État, sans cela, les garanties étant diminuées, il faudrait prendre des sûretés spéciales vis-à-vis de la caisse régionale qui aurait reçu ces amortissements.

Je joins, comme annexes à la présente circulaire, monsieur le préfet, les textes de la loi du 29 décembre 1906, du décret du 30 mai 1907, du décret portant règlement d'administration publique du 26 août 1907. Vous trouverez également ci-joint un modèle de statuts de société coopérative à forme civile et un modèle de statuts de société coopérative anonyme à capital variable.

J'adresse directement un exemplaire de la présente circulaire à MM. les professeurs d'agriculture et à MM. les présidents de conseil d'administration des caisses régionales de crédit agricole mutuel.

Vous voudrez bien faire insérer cette circulaire au *Recueil des actes administratifs* de votre département et m'en accuser réception sous le timbre : Service du crédit mutuel et de la coopération agricoles.

Joseph RUAU.

ANNEXES

LOI DU 29 DÉCEMBRE 1906

autorisant des avances faites aux sociétés coopératives agricoles

(*Journal officiel* du 30 décembre 1906)

Le Sénat et la Chambre des députés ont adopté,
Le président de la République promulgue la loi dont la teneur suit :

ART. 1. — L'article 1 de la loi du 31 mars 1899 est ainsi complété :

« Le gouvernement peut, en outre, prélever sur les redevances annuelles et remettre gratuitement auxdites caisses régionales des avances spéciales destinées aux sociétés coopératives agricoles et remboursables dans un délai maximum de vingt-cinq années.

« Ces avances ne pourront dépasser le tiers des redevances versées annuellement par la Banque de France dans les caisses du Trésor, en vertu de la convention du 31 octobre 1896, approuvée par la loi du 17 novembre 1897. »

ART. 2. — Les caisses régionales sont chargées de faciliter les opérations concernant l'industrie agricole, effectuées par les sociétés coopératives agricoles régulièrement affiliées à une caisse locale de crédit mutuel régie par la loi du 5 novembre 1894.

Elles garantissent le remboursement, à l'expiration des délais fixés, des avances spéciales qui leur sont faites pour les sociétés coopératives agricoles.

Toutes opérations autres que celles prévues par le présent article et par la loi du 31 mars 1899 leur sont interdites.

ART. 3. — Les caisses régionales recevront des sociétés coopératives agricoles, sur les avances qu'elles auront remises à celles-ci, un intérêt qui sera fixé par elles et approuvé par le gouvernement, après avis de la commission prévue à l'article 5.

ART. 4. — Les demandes d'avances émanant des sociétés agricoles devront indiquer d'une manière précise l'emploi des fonds sollicités ; elles seront présentées au gouvernement par l'intermédiaire des caisses régionales de crédit agricole mutuel.

Pourront seules recevoir les avances prévues à l'article 1 de la présente loi, quel que soit d'ailleurs leur régime juridique, les sociétés coopératives agricoles constituées par tout ou partie des membres d'un ou plusieurs syndicats professionnels agricoles, en vue d'effectuer ou de faciliter toutes les opérations concernant soit la production, la transformation, la conservation ou la vente des produits agricoles provenant exclusivement des exploitations des associés, soit l'exécution de travaux agricoles d'intérêt collectif, sans que ces sociétés aient pour but de réaliser des bénéfices commerciaux.

ART. 5. — La répartition des avances aux caisses régionales de crédit agricole, tant en vertu de la présente loi que de la loi du 31 mars 1899, sera faite par le ministre de l'agriculture sur l'avis d'une commission spéciale et dont les membres, à l'exception des membres de droit, sont nommés par décret pour quatre années, composée ainsi qu'il suit :
Le ministre de l'agriculture, président ;
Quatre sénateurs ;
Six députés ;
Un membre du Conseil d'État :
Un membre de la Cour des comptes ;
Le gouverneur de la Banque de France ;
Le directeur général de la comptabilité publique ;
Le directeur du mouvement général des fonds ;
Un inspecteur général des finances ;
Le directeur général des eaux et forêts ;
Le directeur de l'agriculture ;
Le directeur du secrétariat, du personnel central et de la comptabilité ;
Le directeur de l'hydraulique et des améliorations agricoles ;
Le directeur des haras ;
Le chef du service des caisses régionales de crédit agricole mutuel ;
Six inspecteurs généraux ou inspecteurs du ministère de l'agriculture ;
Trois membres du conseil supérieur de l'agriculture ;
Huit représentants choisis parmi les membres des caisses de crédit agricole mutuel, régionales ou locales, ou des sociétés coopératives agricoles.

En dehors des membres permanents de la commission, les inspecteurs généraux et inspecteurs de l'agriculture, les inspecteurs des améliorations agricoles et les inspecteurs des caisses de crédit agricole mutuel chargés de rapports sont appelés à les soutenir devant la commission avec voix consultative.

Est abrogé l'article 4 de la loi du 31 mars 1899.

ART. 6. — Un décret rendu après avis de la commission de répartition des avances, sous le contreseing des ministres de l'agriculture et des finances, déterminera limitativement la nature des opérations que pourront entreprendre les sociétés coopératives agricoles susceptibles de recevoir des avances de l'État.

La commission de répartition déterminera la durée de chaque prêt, ainsi que le montant de l'avance, qui ne pourra excéder le double du capital de la société coopérative agricole, versé en espèces.

Cette avance spéciale deviendra immédiatement remboursable en cas de violation des statuts ou de modifications à ces statuts qui diminueraient les garanties de remboursement.

Art. 7. — Des règlements d'administration publique détermineront, pour les sociétés coopératives agricoles qui demanderont des avances par l'intermédiaire et avec la garantie des caisses régionales de crédit agricole, en vertu de la présente loi, la procédure à suivre, les dispositions éventuelles que devront contenir les statuts, le mode et la forme des enquêtes préliminaires d'ordre économique et technique à ouvrir par les services intéressés du ministère de l'agriculture, la surveillance à exercer sur l'emploi des avances qui ne devront pas être détournées de leur affectation, les garanties d'ordre général à prendre pour assurer le remboursement des prêts, ainsi que les moyens de contrôle à exercer sur ces sociétés coopératives agricoles pour sauvegarder les intérêts du Trésor.

La présente loi, délibérée et adoptée par le Sénat et par la Chambre des députés, sera exécutée comme loi d'État.

Fait à Paris, le 29 décembre 1906.

Signé : A. FALLIÈRES.

Par le président de la République :

Le ministre de l'agriculture,
Signé : Ruau.

Le ministre des finances,
Signé : Caillaux.

DÉCRET DU 30 MAI 1907

*déterminant la nature des opérations que pourront entreprendre
les sociétés coopératives agricoles susceptibles de recevoir des avances*

(*Journal officiel* du 28 août 1907)

Le président de la République,

Vu l'article 6 de la loi du 29 décembre 1906 ;

Vu l'avis de la commission de répartition des avances de l'État aux caisses régionales du crédit agricole mutuel ;

Sur le rapport du ministre de l'agriculture et du ministre des finances,

DÉCRÈTE :

ART. 1. — Pourront seules donner lieu aux avances de l'État, en vertu de la loi du 29 décembre 1906, les opérations de la nature suivante, faites par les sociétés coopératives agricoles désignées à l'article 4 de ladite loi : la production, la transformation, la conservation et la vente des produits agricoles ; l'acquisition, la construction, l'installation et l'appropriation des bâtiments, ateliers, magasins, matériel de transport, l'achat et l'utilisation des machines et instruments nécessaires aux opérations agricoles d'intérêt collectif.

ART. 2. — Le ministre de l'agriculture et le ministre des finances sont chargés, chacun en ce qui le concerne, de l'exécution du présent décret qui sera publié au *Journal officiel* et inséré au *Bulletin des lois*.

Fait à Paris, le 30 mai 1907.

Signé : A. FALLIÈRES.

Par le président de la République :

Le ministre de l'agriculture,   Le ministre des finances,
Signé : RUAU.   Signé : CAILLAUX.

DÉCRET DU 26 AOUT 1907

portant règlement d'administration publique en . exécution de la loi du 29 décembre 1906 autorisant des avances aux sociétés coopératives agricoles.

(*Journal officiel* du 28 août 1907)

———

Le président de la République française,

Sur le rapport du ministre de l'agriculture et du ministre des finances ;

Vu la loi du 29 décembre 1906, et notamment l'article 7 ainsi conçu :

« Des règlements d'administration publique détermineront pour les sociétés coopératives agricoles qui demanderont des avances par l'intermédiaire et avec la garantie des caisses régionales de crédit agricole, en vertu de la présente loi, la procédure à suivre, les dispositions éventuelles que devront contenir les statuts, le mode et la forme des enquêtes préliminaires d'ordre économique et technique à ouvrir par les services intéressés du ministère de l'agriculture, la surveillance à exercer sur l'emploi des avances qui ne devront pas être détournées de leur affectation, les garanties d'ordre général à prendre pour assurer le remboursement des prêts, ainsi que les moyens de contrôle à exercer sur ces sociétés coopératives agricoles pour sauvegarder les intérêts du Trésor » ;

Vu la loi du 5 novembre 1894 relative à la création de sociétés de crédit. agricole ;

Vu la loi du 31 mars 1899 ayant pour but l'institution des caisses régionales de crédit agricole mutuel et les encouragements à leur donner ainsi qu'aux sociétés et aux banques locales de crédit mutuel ;

Le Conseil d'État entendu :

DÉCRÈTE :

CHAPITRE I

Instruction des demandes d'avances à obtenir de l'État.

ART. 1. — Les sociétés coopératives agricoles qui se proposent d'obtenir, sous la responsabilité d'une caisse régionale, des avances dans les conditions prévues par la loi du 29 décembre 1906, font parvenir leur demande à cette caisse avec les pièces ci-après :

1° Les statuts en double exemplaire de la société intéressée;

2° La liste des souscripteurs, avec mention du syndicat professionnel dont chacun d'eux fait partie, et avec indication du capital versé ainsi que de son mode d'emploi ;

3° Les noms, qualités et domicile des membres du conseil d'administration et des commissaires des comptes ;

4° Une copie des délibérations de l'assemblée générale constitutive ;

5° La désignation de la caisse locale de crédit agricole mutuel, régie par la loi du 5 novembre 1894, à laquelle doit se rattacher ladite société coopérative aux termes de l'article 2 de la loi du 29 décembre 1906 ;

6° L'indication des immeubles possédés par la société et leur situation hypothécaire, dûment certifiée, avec énonciation de leur valeur et désignation de ceux qui sont proposés pour la garantie hypothécaire du remboursement de l'avance ;

7° Un mémoire justificatif à l'appui de la demande, avec projet et devis estimatif pour les travaux à exécuter, de même que pour l'achat et l'installation d'un matériel spécial lorsqu'il y a lieu.

La caisse régionale pourra demander, en outre, les justifications complémentaires qu'elle jugerait nécessaires, notamment en ce qui concernerait la régularité de la constitution et des opérations de la société coopérative.

Art. 2. — La caisse régionale, si elle acquiesce à la demande et la présente sous sa responsabilité, fait parvenir le dossier au préfet du département intéressé, qui le transmet au ministre de l'agriculture avec ses observations et conclusions.

A ce dossier sont joints, sous la signature des représentants de la caisse régionale :

a) Une copie de la délibération par laquelle cette caisse aura couvert de sa responsabilité la demande d'avance ;

b) L'exposé des garanties prises par elle pour le remboursement de l'avance et des conditions de contrôle à exercer sur les opérations de la société intéressée ;

c) Un tableau des engagements déjà contractés par la caisse et son dernier bilan.

Art. 3. — La caisse régionale et la société coopérative doivent fournir aux personnes chargées de l'instruction de la demande et des enquêtes tous renseignements et facilités pour l'accomplissement de leur mission.

Art. 4. — L'ensemble du dossier est soumis à la commission de répartition des avances, constituée conformément à l'article 5 de la loi du 29 décembre 1906.

La décision motivée du ministre est notifiée à la caisse régionale et à la société coopérative agricole par l'intermédiaire des préfets des départements intéressés.

CHAPITRE II

Statuts des sociétés coopératives agricoles appelées à bénéficier d'une avance de l'État.

Art. 5. — Les statuts de toute société coopérative agricole voulant bénéficier d'une avance doivent déterminer la circonscription territoriale à laquelle s'étendent ses opérations, son mode d'administration et le montant du capital social.

Art. 6. — Ils spécifient expressément :

1° Que les parts de sociétaires sont nominatives, qu'elles restent exclusivement réservées à des agriculteurs, membres d'un syndicat agricole, et que leur taux de remboursement n'excédera en aucun cas leur prix initial ;

2° Quel nombre maximum de voix peut avoir un sociétaire, quel que soit le nombre de parts possédées par lui ;

3° Qu'aucun dividende ne sera attribué au capital ou aux fractions de capital, et que le taux des intérêts ne pourra dépasser 4 °/° ;

4° Quelles dispositions sont prévues pour la constitution d'une réserve à prélever sur les bénéfices éventuels, en vue de l'amortissement du montant de l'avance de l'État ;

5° Que les excédents annuels, déduction faite des charges, amortissements, intérêt du capital, frais généraux et réserve légale, etc., ne pourront être répartis, s'il y a lieu, entre les coopérateurs, que proportionnellement aux opérations faites par eux avec la société coopérative ;

6° Que pour tous actes et opérations ayant un caractère commercial, la comptabilité sera tenue conformément aux prescriptions du Code de commerce et aux instructions ministérielles spéciales ;

7° Que toute modification projetée aux statuts sera portée à la connaissance de la caisse régionale responsable du remboursement de l'avance, qui en fera part au ministre, sans qu'aucune modification puisse être considérée comme acquise avant que le ministre ait notifié qu'il n'y fait pas objection à raison des conditions dans lesquelles l'avance de l'État a été consentie.

CHAPITRE III

Surveillance à exercer sur l'emploi des avances consenties.

Art. 7. — La caisse régionale ayant garanti le remboursement d'avances doit veiller à ce qu'elles ne soient pas détournées de leur affectation.

Les modifications de projets et les changements d'emploi de ressources devront être préalablement soumis par la société coopérative intéressée à l'approbation de la caisse régionale et à la décision du ministre.

Art. 8. — Les avances ou fractions d'avances affectées soit à des travaux, soit à l'achat et à l'installation d'un matériel spécial, ne sont versées par la caisse régionale à la société coopérative qu'au fur et à mesure de la réalisation des projets et à charge de justifications pour l'emploi des versements antérieurs.

Art. 9. — Avec les renseignements et pièces se référant à la garantie donnée à une société coopérative agricole, la caisse régionale devra conserver constamment à jour la liste des membres du conseil d'administration de cette société, le texte de ses statuts, l'état des sommes ou acomptes versés sur le montant total de l'avance.

Elle doit se faire délivrer chaque année, avant le 31 janvier, les inventaires et les bilans de l'exercice précédent, le relevé des opérations effectuées ou en cours, pour l'emploi des avances consenties, et la copie des procès-verbaux d'assemblée générale.

CHAPITRE IV

Garantie et contrôle à assurer pour le remboursement des prêts.

Art. 10. — Lorsque les avances destinées aux sociétés coopératives agricoles seront attribuées pour l'établissement de magasins, entrepôts, usines ou autres constructions à édifier sur des terrains appartenant à ces sociétés, hypothèque sera immédiatement consentie au profit de l'État, par acte notarié, sur lesdits terrains, avec extension stipulée ou formellement promise, selon les cas, sur les constructions à aménager ou à élever.

Si les avances se réfèrent à l'acquisition de terrains et à la construction ou à l'aménagement de bâtiments sur ces terrains, promesse expresse d'hypothèque devra être spécifiée, au profit de l'État, sur l'ensemble des immeubles visés aux projets, et l'hypothèque sera réalisée, suivant acte notarié, dès l'acquisition des terrains, avec extension aux bâtiments selon les cas, ainsi qu'il est dit ci-dessus.

La société coopérative doit justifier que les immeubles lui appartenant ne sont pas grevés de privilège ou d'hypothèque pouvant préjudicier à la garantie hypothécaire réclamée pour le remboursement de l'avance de l'État.

Art. 11. — La caisse régionale doit exiger, des sociétés coopératives dont elle présente la demande, soit la clause de responsabilité solidaire de tous leurs membres, pour les opérations auxquelles elle attache sa garantie, soit un engagement solidaire qu'elle reconnaîtrait suffisant, signé par tout ou partie des membres du conseil d'administration.

Art. 12. — Les fonctionnaires chargés d'examiner l'organisation et le fonctionnement d'une caisse régionale, ou de la société coopérative agricole à laquelle a été consentie une avance de l'État, ont qualité pour vérifier la comptabilité et la gestion, pour constater l'exacte observation des prescriptions législatives et réglementaires ainsi que des statuts. Ils peuvent exiger la production de toutes pièces justificatives.

Lorsqu'il s'agit de travaux à exécuter ou de l'achat et de l'installation d'un matériel spécial, ils ont la faculté, soit au cours des opérations, soit après leur achèvement, de constater s'il y a conformité avec les projets dûment acceptés et les plans ou devis régulièrement fournis.

Ils consignent leurs observations et avis concernant l'état des immeubles et du matériel.

Ils signalent spécialement les cas dans lesquels la violation ou les modifications des statuts, diminuant les garanties de remboursement de l'avance, peuvent faire exiger le remboursement anticipé, conformément à l'article 6 de la loi du 29 décembre 1906.

Art. 13. — Le ministre de l'agriculture et le ministre des finances sont chargés, chacun en ce qui le concerne, de l'exécution du présent décret, qui sera publié au *Journal officiel* et inséré au *Bulletin des lois*.

Fait à Rambouillet, le 26 août 1907.

Signé : A. FALLIÈRES.

Par le président de la République :

Le ministre de l'agriculture,	*Le ministre des finances,*
Signé : RUAU.	Signé : CAILLAUX.

CIRCULAIRE

relative aux prêts à court terme accordés aux sociétés coopératives agricoles adressée aux présidents de caisses régionales

MINISTÈRE
de
L'AGRICULTURE

SERVICE
DU CRÉDIT MUTUEL
et de
LA COOPÉRATION
AGRICOLES

RÉPUBLIQUE FRANÇAISE

Paris, le 18 janvier 1908.

Monsieur le président,

J'ai l'honneur de vous rappeler que je vous ai adressé un exemplaire de la loi du 29 décembre 1906 et des règlements des 30 mai et 26 août 1907 sur le crédit aux associations agricoles coopératives. Comme vous l'avez remarqué, la nouvelle législation n'a pas seulement réglé la question du prêt à long terme ; elle a encore posé les principes qui doivent servir de base à l'organisation des sociétés coopératives agricoles avec lesquelles les caisses de crédit peuvent entrer en relations d'affaires.

Les nouvelles dispositions législatives et réglementaires, en ce qui concerne la formule coopérative et la nature des opérations, s'appliquent naturellement aux associations qui se prévalent de leur caractère coopératif pour demander aux caisses locales des avances à court terme destinées à faire face aux besoins courants de leur industrie. Il est donc nécessaire, si votre caisse régionale a déjà facilité des prêts de cette nature ou lorsque son concours sera sollicité, que vous examiniez les statuts de l'association emprunteuse et vous assuriez de la conformité de leurs dispositions avec celles qui sont visées ci-dessus.

Je vous prierai, en outre, de m'adresser, avant d'avoir pris une décision, un exemplaire de ces statuts.

Je profite de l'occasion pour appeler votre attention sur la loi du 14 janvier 1908 aux termes de laquelle les membres des caisses d'assurances mutuelles constituées sous le régime de la loi du 4 juillet 1900 sont admis à souscrire des parts des caisses locales et des caisses régionales de crédit agricole au même titre que les membres des syndicats agricoles.

Je vous serai reconnaissant de m'accuser réception de la présente circulaire.

Agréez, monsieur le président, l'assurance de ma considération distinguée.

Le ministre de l'agriculture,
Signé : J. RUAU.

Pour copie conforme :
*Le chef du service du crédit mutuel
et de la coopération agricoles,*
Signé : Pierre DECHARME.

STATUTS DE SOCIÉTÉ COOPÉRATIVE CIVILE

STATUTS DE LA SOCIÉTÉ COOPÉRATIVE DE

Statuts-types

TITRE I

Constitution et objet de la société. — Admission. — Démission. Exclusion.

Art. 1. — Il est formé entre les soussignés, et ceux qui adhéreront aux présents statuts, une société coopérative civile particulière qui sera régie par les articles 1832 à 1873 du Code civil sur le contrat de société, par la loi du 29 décembre 1906 et par les dispositions qui suivent.

Art. 2. — Cette société prend le nom de
Sa circonscription territoriale comprend les communes de
et les communes limitrophes.
Son siège social est établi à   Il pourra être transféré dans un autre lieu par une décision motivée du conseil d'administration.

Art. 3. — Elle a pour but (¹)
Elle se propose notamment d'obtenir des prix de vente plus rémunérateurs

Art. 4. — La durée de la société est fixée   années à dater de l'assemblée générale constitutive, mais elle pourra être prorogée ou dissoute par anticipation par décision de l'assemblée générale des intéressés.

Art. 5. — Pour être sociétaire, il faut être agriculteur et membre du (ou des) syndicat agricole de
Chaque sociétaire s'engage à fournir à la société tous les produits de sa récolte en   à l'exception de ceux qui sont nécessaires à la consommation de sa famille et du personnel de son exploitation.

(¹) Voir l'article 4 de la loi du 29 décembre 1906 et l'article 1 du décret du 30 mai 1907.

ART. 6. — L'accès de la société est ouvert aux femmes non mariées majeures et aux veuves majeures ; toutefois, elles ne pourront faire partie du bureau ni de la commission de contrôle.

ART. 7. — Le nombre des sociétaires est illimité. Un mois après la constitution de la société, les membres nouveaux devront être agréés par le conseil d'administration qui a qualité à cet effet. Ils paieront un droit d'entrée qui sera fixé tous les mois par le conseil d'administration. Le conseil pourra, lorsqu'il le jugera utile, clore la liste des sociétaires.

En cas de décès d'un adhérent, aucune apposition de scellés ne pourra être faite sur les biens de la société ; le décès, la retraite, l'interdiction ou la déconfiture de l'un de ses membres ne pourra entraîner la dissolution de la société ou sa liquidation. La société continuera de plein droit entre les autres associés. La veuve ou les héritiers d'un sociétaire pourront être admis en remplacement du sociétaire décédé.

ART. 8. — Tout membre aura la faculté de donner sa démission, mais le membre démissionnaire ne pourra prétendre au remboursement de sa part dans le fonds social et dans le fonds de réserve et il sera tenu de tous engagements pris par la société antérieurement à sa démission.

Si le sociétaire démissionnait pour une cause de force majeure (cessation de bail, changement de domicile...) le conseil jugerait s'il y a lieu de lui accorder une indemnité et, dans l'affirmative, en fixerait le montant.

ART. 9. — Le conseil d'administration peut, pour des raisons graves, prononcer l'exclusion d'un membre, notamment si ce sociétaire a été condamné à une peine criminelle ou correctionnelle, ou s'il a cherché à nuire à la société par des actes ou des propos de nature à troubler son fonctionnement.

Cette décision est prise d'office contre tout sociétaire ayant fraudé les produits apportés à la coopérative.

L'exclusion est prononcée par le conseil, le sociétaire ayant été appelé devant lui, par lettre recommandée, contradictoirement entendu ou ayant fait défaut.

Tout employé convaincu de fraude au préjudice de la société sera frappé d'une amende et aussitôt révoqué.

En plus de l'exclusion dont il est passible, tout sociétaire qui sera reconnu coupable d'avoir livré des produits fraudés pourra être frappé d'une amende ou traduit devant les tribunaux, s'il en est ainsi décidé par le bureau.

ART. 10. — Les membres exclus perdent tous leurs droits au fonds social et au fonds de réserve, sans préjudice des recours qui peuvent être exercés contre eux.

ART. 11. — Dans le cas où le ramassage des produits dans quelques communes ou parties de commune serait trop onéreux par suite de la trop petite quantité de produits ou pour toute autre cause, le bureau se réserve le droit d'accepter ou de refuser les fournitures des sociétaires de ces communes ou parties de commune ; mais ces sociétaires auront le droit de livrer, à leurs frais, leurs produits aux ramasseurs, à l'endroit le plus propice qui sera indiqué par le bureau.

ART. 12. — Tout sociétaire qui aura adhéré aux présents statuts et qui, dans le courant de la première année, n'aura pas fourni de produits, devra, le jour où il voudra profiter des avantages de la société, payer un droit d'entrée qui sera fixé par le conseil d'administration.

ART. 13. — Chaque sociétaire s'engage à souscrire une ou plusieurs parts de   pour lesquelles il recevra un intérêt de (¹)   ; ces parts seront toujours nominatives.

ART. 14. — Les parts sont remboursables par voie de tirage au sort. Elles ont le caractère d'obligations et ne donnent aucun droit dans l'actif social.

ART. 15. — Il sera prélevé, chaque année, sur le montant des produits vendus, une somme suffisante pour payer les frais généraux, constituer un fonds de réserve, servir les intérêts, amortir les parts souscrites par les sociétaires et les emprunts qui pourront être contractés. Le reste sera réparti aux sociétaires au prorata de la valeur des produits fournis par eux à la société.

Le montant de ces prélèvements sera fixé par le conseil et soumis à l'approbation de l'assemblée générale.

ART. 16. — Les sociétaires s'engagent solidairement à rembourser l'avance qui pourrait être faite par l'État en application de la loi du 29 décembre 1906 (²).

TITRE II

Administration de la société.

ART. 17. — La société sera gérée par un conseil d'administration renouvelable par tiers tous les ans, mais dont les membres sortants sont rééligibles. Pour la première période, les membres sortants seront désignés par voie de tirage au sort. Ce conseil est composé de   membres. Ils sont nommés par l'assemblée générale.

ART. 18. — Le conseil d'administration nomme le bureau, qui se compose d'un président, d'un vice-président, d'un trésorier et d'un secrétaire recrutés dans son sein et peut faire révoquer le directeur-comptable et tous les employés salariés. Toutes les fonctions des administrateurs sont gratuites.

ART. 19. — Le conseil d'administration est chargé de la direction générale de la société et de son fonctionnement. Il a les pouvoirs les plus étendus à cet effet : il fera notamment tous les baux, locations, fera exécuter tous travaux utiles, fera tous paiements et encaissements. Il pourra même transiger, compromettre, donner tous désistements et mainlevées avec ou sans paiement. Il a pouvoir de rédiger et de modifier le règlement d'ordre intérieur. Il se réunit au moins une fois par trimestre, sur convocation du président, ou toutes les fois que cinq de ses membres en feront la demande.

(¹) Au plus 4 °/₀ par an.
(²) Voir article 11 du décret du 26 août 1907.

Les délibérations ne seront valables que si le quart au moins des membres sont présents. Elles sont prises à la majorité des membres présents. Nul ne peut voter par procuration dans le sein du conseil. En cas de partage la voix du président est prépondérante.

Art. 20. — Le bureau, par délégation du conseil d'administration, est chargé de la gestion de la société et de son bon fonctionnement ; il doit veiller à l'exécution intégrale des statuts et approuver, après vérification, toutes les opérations qui auront été faites. Il se réunit une fois par mois, sur la convocation du président, et toutes les fois que le président ou deux de ses membres le jugent nécessaire. Les membres du bureau et du conseil d'administration ont le droit de surveillance sur le personnel salarié.

Art. 21. — Le président fait exécuter toutes les décisions prises par le bureau et le conseil d'administration ; il représente la société dans ses rapports avec les tiers et avec l'autorité publique ; il ordonne, au nom de la société, tous les achats nécessaires. Il fournit des explications au conseil d'administration et lui communique toutes les pièces dont il a besoin pour s'éclairer. Il a la police des assemblées et veille à ce que les discussions ne s'écartent pas de leur but spécial.

Art. 22. — Le vice-président seconde le président et le remplace en cas d'absence ou d'empêchement. Si tous les deux sont absents ou empêchés, le bureau délègue les pouvoirs à l'un de ses membres.

Art. 23. — Le trésorier est chargé du dépôt des valeurs en caisse dont il est responsable ; il doit en rendre compte à toute réquisition et au moins une fois par an, en assemblée générale. Le secrétaire est chargé de rédiger tous les procès-verbaux de réunion du bureau, du conseil d'administration et des assemblées générales.

Art. 24. — Le directeur-comptable, outre la comptabilité dont il est chargé, fait les recouvrements et en dépose immédiatement le montant au trésorier qui lui en délivre quittance. À la fin de chaque mois, le trésorier lui fait, d'après un mandat du président, remise des fonds nécessaires pour la répartition des sommes dues aux sociétaires.

Le directeur-comptable est en même temps chargé, par délégation du président, et en se conformant à ses instructions, de la direction de tout le travail, de la correspondance et de tout ce qui est nécessaire à la bonne marche du service. Tous les autres employés sont sous ses ordres directs.

Art. 25. — La société sera valablement représentée en justice par ses administrateurs. Aucun procès ne pourra être engagé sans l'assentiment du conseil d'administration qui donnera pleins pouvoirs au président. Les membres de ce conseil ne contractent, en raison de leur gestion, aucune obligation personnelle ou solidaire ; ils ne répondent que de l'exécution de leur mandat.

Art. 26. — Une commission de contrôle, composée de trois sociétaires pris en dehors du conseil d'administration, est chargée de surveiller les comptes de gestion du directeur et du trésorier.

Art. 27. — En cas de décès, démission ou non-acceptation d'un membre du conseil d'administration, il sera pourvu à son remplacement par ledit conseil, sauf ratification par la plus prochaine assemblée générale.

ART. 28. — Sur la convocation du président, la société se réunit une fois par an, au moins, en assemblée générale.

L'assemblée générale régulièrement constituée représentera l'universalité des associés et ses décisions seront obligatoires pour tous, même pour les absents, dissidents ou incapables.

Une assemblée générale ordinaire aura lieu chaque année dans le courant du mois de   , au siège social, ou en tout autre endroit fixé par le comité de direction.

En outre, l'assemblée générale pourra être réunie extraordinairement, à toute époque, par le comité de direction.

Les convocations pour l'assemblée seront faites par le comité de direction, par lettres recommandées à la poste, adressées, au moins dix jours d'avance, aux associés, au dernier domicile qu'ils auront fait connaître à la société.

Tous les associés auront le droit d'assister à l'assemblée générale.

L'assemblée ne sera régulièrement constituée que si le tiers des sociétaires y est représenté, sauf ce qui sera dit ci-après pour certains cas spéciaux.

Si l'assemblée générale ne réunissait pas le tiers des sociétaires, il en serait convoqué une seconde à dix jours d'intervalle au moins et, à cette seconde assemblée, la délibération serait régulièrement prise quel que soit le nombre de sociétaires représentés.

Les associés pourront donner mandat pour les représenter à l'assemblée, mais seulement à un autre associé.

L'assemblée générale sera présidée par le président du comité de direction ou, à son défaut, par un autre membre du comité assisté d'un secrétaire nommé par l'assemblée.

Les décisions de l'assemblée seront prises à la majorité des voix des membres présents ; chaque associé n'a droit qu'à une voix.

Une feuille de présence sera signée par les associés, et il sera dressé procès-verbal ordinaire ou authentique des délibérations de l'assemblée. Les procès-verbaux seront signés par le président et le secrétaire.

Les copies ou extraits de ces délibérations seront certifiés et signés par le président du comité de direction ou par le président de l'assemblée.

ART. 29. — L'assemblée générale entendra le rapport du comité de direction sur la situation de la société ;

Elle approuvera ou rectifiera les comptes qui lui seront présentés ;

Elle décidera la distribution ou l'emploi des bénéfices de la société et elle déterminera le chiffre des réserves à constituer, s'il y a lieu ;

Elle nommera le comité de direction ;

Elle autorisera tous travaux dont la dépense sera supérieure à   francs pour une même opération et elle conférera au comité de direction toutes autres autorisations dans les cas d'administration pour lesquels ses pouvoirs seraient reconnus insuffisants ;

Enfin, l'assemblée générale pourra décider : l'achat ou l'apport de nouveaux immeubles et des échanges et ventes d'immeubles; des emprunts avec hypothèque sur les immeubles sociaux, ou avec toutes autres garanties, ou sans garanties spéciales ; des modifications aux statuts, et notamment l'augmentation ou la réduction du fonds social, la prorogation ou la dissolution de la société, sa fusion avec d'autres sociétés, sa transformation en société anonyme. Mais, pour l'un ou l'autre des cas énoncés dans le présent alinéa, les décisions ne seront valablement prises que par une majorité représentant au moins les deux tiers des parts.

Si la société a reçu des avances de l'État, en exécution de la loi du 29 décembre 1906, le capital social ne peut, sous aucun prétexte, être réduit au-dessous du montant qui a servi de base auxdites avances.

TITRE III

Dissolution, liquidation.

ART. 30. — La dissolution de la société ne pourra être décidée avant la période pour laquelle elle a été constituée, à moins qu'en assemblée générale cette dissolution ne soit demandée par les trois quarts des sociétaires. Chaque sociétaire participerait alors à l'actif et au passif au prorata de la quantité des produits fournis par lui à la société, à moins que l'assemblée générale ne décide de transférer l'actif à une société analogue ou à une autre œuvre d'intérêt agricole.

L'assemblée générale nommera un ou plusieurs liquidateurs. Ses pouvoirs seront continués jusqu'à la fin de la liquidation, notamment pour donner décharge aux liquidateurs.

TITRE IV

Dispositions générales.

ART. 31. — Toutes les contestations qui pourront s'élever entre les associés, relativement aux affaires sociales, devront être soumises à l'examen du bureau qui s'efforcera de les régler à l'amiable ; s'il n'y réussit pas, il invitera les parties à recourir à l'arbitrage.

ART. 32. — En cas de contestations quelconques entre les associés, ou entre la société et des associés, au sujet des affaires sociales, elles seront soumises à la juridiction du tribunal de
Tout sociétaire sera tenu d'élire domicile dans l'arrondissement de   ,
faute de quoi toutes notifications, significations et assignations lui seront valablement faites au parquet par M. le procureur de la République près ledit tribunal.

ART. 33. — La comptabilité doit être tenue conformément aux prescriptions du Code de commerce et aux instructions du ministre de l'agriculture.

La société coopérative doit se soumettre aux opérations de contrôle et de surveillance ordonnées par le ministre de l'agriculture.

Les modifications aux statuts ou la dissolution de la société ne pourront être considérées comme acquises que lorsque le ministre de l'agriculture aura notifié qu'il n'y fait pas objection à raison des conditions dans lesquelles l'avance de l'État a été consentie.

STATUTS D'UNE SOCIÉTÉ COOPÉRATIVE ANONYME

A CAPITAL VARIABLE

TITRE I

Formation de la société — Son objet — Sa dénomination — Sa durée.

Art. 1. — Il est formé, entre les syndicats professionnels agricoles et les membres de ces syndicats établis dans la circonscription qui adhéreront aux présents statuts par la souscription ou la possession d'une ou plusieurs parts qui sont ou seront créées, une société anonyme coopérative à capital et personnel variables, qui sera régie par les lois des 24 juillet 1867, 1er août 1893 et 20 décembre 1906.

Art. 2. — Cette société a pour objet : (*Indiquer l'objet précis de la société : toutes les opérations concernant la production, la transformation ou la vente des produits agricoles provenant exclusivement des exploitations des associés, soit l'exécution de travaux agricoles d'intérêt collectif, acquisition, construction, installation et appropriation de bâtiments, ateliers, magasins, matériel de transport, achat et utilisation de machines et instruments nécessaires aux opérations agricoles d'intérêt collectif.*)

Art. 3. — Son siège est établi à
Il pourra être transféré ailleurs en vertu d'une simple décision du conseil d'administration.

Art. 4. — Sa durée est fixée à   à compter du jour de sa constitution définitive, sauf prorogation ou dissolution anticipée ([1]).

TITRE II

Capital social — Parts — Versements — Transferts.

Art. 5. — Le capital social est, quant à présent, fixé à la somme de ([2]) divisé en   parts de ([3])   chacune. Toutefois, au cours du

---

([1]) La durée de la société est illimitée.

([2]) Le capital initial ne peut être supérieur à 200 000 francs et chaque augmentation nécessaire, qui peut être décidée d'année en année par l'assemblée générale, ne peut excéder 200 000 francs (art. 49 de la loi du 24 juillet 1867).

([3]) Le taux minimum des parts doit être de 25 francs (art. 1 de la loi du 1er août 1893).

premier exercice, le conseil d'administration aura le droit de porter, en une ou plusieurs fois, le capital social au total de   , au moyen de souscriptions nouvelles postérieures à la constitution de la société.

Il avisera, comme il l'entendra, au meilleur moyen de se procurer des souscriptions, mais ne sera nullement tenu, en ce qui concerne le capital nouveau, d'attendre qu'il soit souscrit en totalité et réalisé dans la proportion de   comme pour le capital initial.

Le capital pourra ensuite être augmenté, d'année en année, par délibération de l'assemblée générale décidant l'émission de nouvelles parts.

Il pourra, par contre, être réduit par suite de reprises d'apports résultant de retraites ou d'exclusions de porteurs de parts, mais jamais de plus du dixième du capital initial augmenté.

Lorsque la société aura reçu une avance de l'État conformément à la loi du 29 décembre 1906, le capital ne pourra, sous aucun prétexte, être réduit au-dessous du montant qui aura servi de base à ladite avance.

ART. 6. — Tout souscripteur de parts doit être agriculteur et demeurer membre de l'un des syndicats agricoles existants dans la circonscription de la société.

Chaque sociétaire doit être au moins souscripteur d'une part.

ART. 7. — Chaque part est payable ([1])   en souscrivant et le surplus à l'appel du conseil d'administration.

Tout souscripteur pourra se libérer en totalité ou par un seul versement.

Les versements en retard seront passibles d'un intérêt de 5 % l'an.

Passé le délai de trois mois, la société disposera de la part aux risques et périls du souscripteur, par une mise en demeure préalable par lettre recommandée.

Les porteurs de parts, conformément à la loi, ne sont engagés que jusqu'à concurrence du montant des parts par eux souscrites.

ART. 8. — Les parts seront toujours nominatives ; les titres de ces parts qui pourront être délivrés seront extraits de registres à souche signés de deux administrateurs et frappés du timbre de la société.

Leur taux de remboursement ne pourra, en aucun cas, même en cas de dissolution, excéder leur prix initial.

Elles sont indivisibles à l'égard de la société, qui ne reconnaît qu'un seul propriétaire pour chaque part.

En conséquence, tous les copropriétaires d'une part sont tenus de se faire représenter par un seul d'entre eux.

Aucun dividende ne sera attribué au capital ou aux fractions de capital.

L'intérêt servi aux parts ne pourra jamais dépasser 4 %.

ART. 9. — Les parts seront transmises par une inscription sur les registres de la société, signée du cédant, du cessionnaire et d'un administrateur.

Toutefois, le transfert est subordonné à l'agrément du conseil d'administration qui peut s'y opposer en exerçant, au nom et pour le compte d'un associé ou de la société elle-même, un droit de préemption, au prix fixé par la dernière assemblée générale.

([1]) La loi n'exige que le versement du dixième, quel que soit le taux des parts.

TITRE III

Admissions — Retraites — Exclusions

ART. 10. — Lorsque, en vertu de l'article 4, une augmentation du capital aura été décidée par une assemblée générale, l'émission des nouvelles parts aura lieu aux conditions fixées par ladite assemblée, qui pourra réserver, dans une proportion déterminée, un droit de préférence aux anciens souscripteurs. L'admission des nouveaux porteurs de parts n'aura lieu qu'en vertu d'une décision du conseil d'administration.

ART. 11. — Tout porteur de parts a le droit de se retirer de la société au moyen d'une déclaration signée par lui sur un registre spécial tenu au siège de la société. La déclaration devra être faite un mois au moins avant la clôture de l'exercice annuel.

ART. 12. — Le conseil d'administration pourra proposer l'exclusion d'un ou plusieurs porteurs de parts à l'assemblée générale qui se prononcera dans les conditions fixées par l'article 52 de la loi du 24 juillet 1867.

Cette exclusion devra être motivée soit par un préjudice grave causé à la société, soit par la perte de la qualité de membre de syndicat agricole.

ART. 13. — La retraite et l'exclusion des porteurs de parts cessent d'être possibles lorsque le capital social sera réduit au chiffre minimum fixé par l'article 4, à moins que l'associé sortant ne soit immédiatement remplacé par un nouvel associé dont l'apport soit au moins égal au sien.

ART. 14. — Lors de la retraite ou de l'exclusion d'un porteur de parts, la société doit lui rembourser ses parts au prix fixé par la dernière assemblée générale, qui ne pourra jamais être supérieur au prix initial ainsi qu'il est prescrit à l'article 8.

Ce remboursement, ainsi que le paiement de l'intérêt de ses parts et des ristournes qui peuvent lui revenir, ne seront exigibles qu'à l'époque fixée par le conseil d'administration pour le paiement de l'intérêt et de la répartition pour trop-perçu de l'exercice en cours, conformément aux dispositions de l'article 44.

Le porteur de parts qui cesse de faire partie de la société reste tenu pendant cinq ans, envers ses coassociés et envers les tiers, de toutes les dettes et de tous les engagements de la société contractés avant sa sortie, mais cette responsabilité ne peut excéder le montant de ses parts.

ART. 15. — En cas de retraite volontaire ou forcée, les porteurs de parts ou leurs héritiers ou ayants droit ne peuvent, sous aucun prétexte, provoquer l'apposition des scellés sur les biens ou valeurs de la société, ni en demander le partage ou la licitation, ni s'immiscer en aucune façon dans son administration ; ils doivent, pour l'exercice de leurs droits, s'en rapporter aux décisions de l'assemblée générale.

En cas de décès d'un porteur de parts, le conseil d'administration aura toujours le droit de rembourser les héritiers dans les conditions de l'article 14.

TITRE IV

Administration.

Art. 16. — La société est administrée par un conseil composé de membres pris parmi les porteurs de parts et nommés par l'assemblée générale.

Art. 17. — Les administrateurs doivent être chacun propriétaire de parts pendant toute la durée de leur mandat. Ces parts seront affectées à la garantie de tous les actes de leur gestion, même de ceux qui seraient exclusivement personnels à l'un des administrateurs. Elles sont inaliénables, frappées d'un timbre indiquant leur inaliénabilité et déposées dans la caisse sociale.

Art. 18. — Les administrateurs sont nommés pour   ans. Le conseil d'administration se renouvelle par tiers tous les   ans. Les deux premières séries sont désignées par le sort. Les administrateurs sortants sont toujours rééligibles.

Art. 19. — En cas de vacances par décès, démission ou autre cause, d'un ou de plusieurs administrateurs, ils peuvent être provisoirement remplacés par le conseil, par voie d'élection, jusqu'à la prochaine assemblée générale qui procède à l'élection définitive. Le membre ainsi nommé achève le temps de celui qu'il a remplacé.

Art. 20. — Chaque année le conseil nomme parmi ses membres son bureau composé d'un président, de deux vice-présidents et de deux secrétaires.

Art. 21. — Le conseil d'administration se réunit au siège social aussi souvent que l'intérêt de la société l'exige, au moins une fois tous les trois mois, sur la convocation du président ou, en cas d'empêchement, sur celle d'un des vice-présidents. Les délibérations sont prises à la majorité des voix des membres présents; en cas de partage, la voix du président est prépondérante.

Nul ne peut voter par procuration dans le sein du conseil.

Art. 22. — Les délibérations sont constatées par des procès-verbaux qui sont portés sur un registre tenu au siège de la société et signés par le président et le secrétaire qui y ont pris part.

Les copies ou extraits des délibérations à produire en justice ou ailleurs sont certifiés par le président du conseil ou l'un des vice-présidents.

Art. 23. — Le conseil a les pouvoirs les plus étendus pour l'administration des biens et des affaires de la société. Il peut même transiger, compromettre, donner tous les désistements et mainlevées avec ou sans paiement. Il arrête les comptes qui doivent être soumis à l'assemblée générale, propose tous projets d'augmentation du capital et toutes les modifications énumérées à l'article 40.

Le président du conseil représente la société en justice, tant en demandant qu'en défendant ; en conséquence, c'est à sa requête ou contre lui que doivent être intentées toutes actions judiciaires.

Les pouvoirs susénoncés ne sont qu'indicatifs et non limitatifs.

Art. 24. — Les fonctions de membre du conseil d'administration sont gratuites. Les administrateurs auront seulement droit au remboursement de leurs débours.

Art. 25. — Le conseil peut déléguer ses pouvoirs à un comité de direction composé de   membres (¹).

Le conseil nommera, en outre, un directeur qui pourra être une personne étrangère à la société et qui exercera ses fonctions sous le contrôle du conseil d'administration.

TITRE V

Direction.

Art. 26. — Le comité de direction et, sous son autorité, le directeur sont chargés, chacun en ce qui le concerne, de l'exécution des décisions du conseil d'administration et de la gestion des affaires sociales.

Le directeur reçoit un traitement annuel dont la quotité est arrêtée par le conseil d'administration, qui détermine aussi les autres avantages qui peuvent lui être accordés ainsi qu'au personnel salarié placé sous ses ordres.

Art. 27. — Le directeur représente le conseil d'administration vis-à-vis des tiers dans la limite des pouvoirs qui lui ont été confiés.

TITRE VI

Commission de surveillance.

Art. 28. — Conformément à l'article 32 de la loi du 24 juillet 1867, un ou plusieurs commissaires, membres ou non de la société, seront désignés chaque année par l'assemblée générale. Ils sont rééligibles et peuvent être rétribués par décision de ladite assemblée générale.

TITRE VII

Assemblée générale.

Art. 29. — L'assemblée générale régulièrement constituée représente l'universalité des porteurs de parts ; ses décisions sont obligatoires pour

---

(¹) La nomination d'un comité de direction n'est utile que dans les cas où les membres du conseil d'administration seraient dans l'impossibilité de s'occuper d'une façon suivie des affaires sociales.

tous, même pour les absents ou dissidents. Elle se compose de tous les porteurs de parts. Elle est présidée par le président du conseil d'administration et, en son absence, par un des vice-présidents ; à défaut, par l'administrateur que le conseil désigne.

Les fonctions de scrutateurs sont remplies par les deux plus forts porteurs de parts présents ou représentés et, sur leur refus, par ceux qui les suivent, jusqu'à acceptation.

Le bureau ainsi composé désigne le secrétaire.

ART. 30. — Nul porteur de parts ne peut se faire représenter aux assemblées générales que par un autre porteur de parts. Exception est faite pour les personnes civiles et pour les incapables dont le délégué ou le mandataire peut n'être pas porteur de parts.

ART. 31. — Les délibérations sont prises à la majorité des voix des membres présents ou représentés, sauf l'exception prévue à l'article 39. Chaque membre ne possède qu'une voix, quel que soit le nombre de parts qu'il a souscrites.

ART. 32. — Ces délibérations sont constatées par des procès-verbaux inscrits sur un registre spécial et signés·par les membres du bureau ; une feuille de présence, contenant les noms et les domiciles des porteurs de parts membres de l'assemblée et le nombre de parts dont chacun est porteur, est certifiée par le bureau et annexée au procès-verbal pour être communiquée à tout requérant.

ART. 33. — Les copies ou extraits des délibérations de l'assemblée à produire en justice ou ailleurs sont signés par deux membres du conseil d'administration.

ART. 34. — Les convocations aux assemblées générales ordinaires ou extraordinaires sont faites par une lettre adressée à chaque sociétaire ou par un avis inséré, au moins huit jours avant l'époque de la réunion, dans l'un des journaux de   désignés pour les annonces légales.

Ce délai sera le même dans le cas de deuxième convocation.

Lorsque l'assemblée est extraordinaire, l'avis de convocation doit relater l'ordre du jour.

ART. 35. — L'ordre du jour est arrêté par le conseil d'administration ; il est soumis préalablement aux commissaires. Il n'y est porté que les propositions émanant du conseil ou des commissaires, ou qui ont été communiquées au conseil un mois au moins avant la réunion, avec la signature d'au moins vingt porteurs de parts.

Il ne peut être mis en délibération que les objets portés à l'ordre du jour.

ART. 36. — Il est tenu une assemblée générale ordinaire chaque année, au lieu désigné par le conseil d'administration dans sa convocation.

ART. 37. — L'assemblée générale ordinaire délibère valablement lorsqu'elle est composée d'un nombre de porteurs de parts représentant le quart au moins du capital social alors existant.

Si cette condition n'est pas remplie à la première réunion, la délibération ne peut avoir lieu.

Il est fait une nouvelle convocation conformément à l'article 34, et la délibération sur les objets à l'ordre du jour de la première réunion est valable, quel que soit le nombre des membres présents et des parts représentées. Cette nouvelle réunion doit avoir lieu dans les délais légaux.

Art. 38. — L'assemblée générale annuelle entend le rapport des commissaires sur la situation de la société, sur le bilan et sur les comptes présentés par les administrateurs. Elle discute et, s'il y a lieu, approuve les comptes. Elle fixe la somme à répartir entre les coopérateurs et la valeur des parts. Elle nomme les administrateurs à remplacer et les commissaires chargés de la surveillance pour l'exercice suivant.

Sur la proposition du conseil d'administration, elle décide s'il y a lieu d'augmenter le capital social. Elle constate les augmentations et diminutions du capital effectuées.

Elle peut décider également, sur la proposition du conseil d'administration, que les opérations sociales pourront s'étendre à l'achat en commun des marchandises nécessaires aux besoins agricoles de ses membres.

Elle délibère et statue souverainement sur tous les intérêts de la société. Elle confère au conseil d'administration tous les pouvoirs supplémentaires qui seraient reconnus utiles.

Art. 39. — Les assemblées générales extraordinaires qui ont à délibérer sur des modifications aux statuts, des propositions de continuation de la société au delà du terme fixé pour sa durée ou de dissolution avant ce terme, de transformation de la société à d'autres opérations agricoles, de fusion avec toute autre société, ne sont régulièrement constituées et ne délibèrent valablement qu'autant qu'elles sont composées d'un nombre de porteurs de parts représentant au moins la moitié du capital social alors existant.

TITRE VIII

Inventaires. — États de situation.

Art. 40. — L'exercice commence le 1er janvier et finit le 30 décembre. Par exception, le premier exercice comprend le temps écoulé entre la constitution définitive de la société et le 31 décembre 19 .

L'intérêt à servir aux porteurs de parts ne commence à courir qu'à partir du 1er janvier 19 .

Art. 41. — Il est établi, à la fin de chaque année sociale, un inventaire contenant l'indication des valeurs mobilières et immobilières et de toutes les dettes actives et passives de la société. Cet inventaire est mis, ainsi que le bilan et le compte de profits et pertes, à la disposition des commissaires le quarantième jour au plus tard avant l'assemblée générale.

Ces divers documents sont ensuite présentés à l'assemblée générale.

Tout porteur de parts peut en prendre, à l'avance, communication au siège social, ainsi que de la liste des porteurs de parts, pendant les quinze jours qui précèdent la réunion de l'assemblée générale.

TITRE IX

Répartition des excédents annuels.

Art. 42. — Si, lors de l'inventaire annuel, déduction faite des charges, amortissement et frais généraux, l'actif surpasse le passif, il est prélevé 5 % sur la différence entre ces deux sommes pour constituer la réserve légale et sur le surplus la somme nécessaire pour payer aux porteurs de parts un intérêt de 4 % du capital versé.

Si, après ce double prélèvement, il existe un excédent, il est réparti de la manière suivante :

10 % pour un fonds de réserve supplémentaire ;

90 % aux coopérateurs, à titre de ristourne, proportionnellement aux opérations faites par eux avec la coopérative.

En cas d'insuffisance pour le paiement de l'intérêt de 4 % aux porteurs de parts, le complément sera pris sur le fonds de réserve supplémentaire.

Dans le cas où l'inventaire révélerait des pertes, le montant de ces pertes serait prélevé d'abord sur le fonds de réserve supplémentaire, puis sur le fonds de réserve ordinaire ; en cas d'insuffisance, sur les profits disponibles des exercices suivants et avant le prélèvement des intérêts du capital social.

Art. 44. — Le paiement de l'intérêt alloué aux porteurs de parts et de la répartition aux coopérateurs pour trop-perçu a lieu dans les trois mois qui suivent l'assemblée générale annuelle, aux époques fixées par le conseil d'administration, par les voies et moyens indiqués par lui.

L'intérêt est valablement payé au porteur du titre ou du coupon, et sans responsabilité aucune pour la société en cas de perte ou de soustraction du titre ou coupon.

Art. 45. — Tout intérêt non réclamé dans les cinq ans de son exigibilité est prescrit au profit de la société.

Toute ristourne non réclamée dans l'année de l'exigibilité est prescrite au profit de la société.

Les sommes prescrites sont versées au fonds de réserve supplémentaire.

TITRE X

Fonds de réserve.

Art. 46. — Un double fonds de réserve est constitué par l'accumulation des sommes prélevées sur les profits annuels, conformément aux dispositions de l'article 45, pour faire face aux charges et dépenses extraordinaires et imprévues.

Lorsque le fonds de réserve légal aura atteint le dixième du capital initial ou augmenté, le prélèvement affecté à sa création cesse de lui profiter et sera versé au compte de réserve supplémentaire.

Lorsque la somme des réserves aura atteint le quart du capital initial ou augmente, l'assemblée générale décidera, sur la proposition du conseil d'administration, si le surplus sera laissé à ce compte, en totalité ou en partie, ou s'il sera employé à rembourser, par voie de tirage au sort, les parts souscrites par les sociétaires ou à parer à toutes éventualités et à fonder des établissements utiles au développement de la société.

En aucun cas, la réserve ne pourra être répartie entre les sociétaires.

TITRE XI

Contestations.

Art. 47. — Toutes contestations qui pourront s'élever pendant la durée de la société ou au cours de la liquidation, à raison des affaires sociales, seront jugées à   par les tribunaux compétents ; mais, préalablement à toute instance judiciaire, elles seront soumises à l'examen du bureau de la société, qui s'efforcera de les régler à l'amiable.

Art. 48. — Dans le cas de contestations, tout porteur de parts devra faire élection de domicile à   et toutes assignations et notifications seront valablement données au domicile élu par lui, sans égard à la distance du domicile réel.

A défaut d'élection de domicile, cette élection aura lieu de plein droit, pour les notifications judiciaires et extrajudiciaires, au parquet du procureur de la République près le tribunal de

TITRE XII

Dissolution. — Liquidation.

Art. 49. — A l'expiration de la société ou en cas de dissolution anticipée, l'assemblée générale extraordinairement convoquée règle le mode de liquidation ; elle nomme un ou plusieurs liquidateurs ou confie la liquidation aux administrateurs en exercice. Pendant la liquidation, les pouvoirs de l'assemblée générale se continuent comme pendant l'existence de la société.

Toutes les valeurs de la société sont réalisées par les liquidateurs qui ont, à cet effet, les pouvoirs les plus étendus, et après paiement des dettes sociales et remboursement du capital, sur la proposition du conseil d'administration, l'assemblée extraordinaire pourra décider de l'emploi du fonds de réserve à des entreprises ayant pour but d'améliorer les conditions de vente des produits agricoles.

En aucun cas, ces fonds ne pourront être répartis entre les porteurs de parts.

TITRE XIII

Dispositions générales.

Art. 50. — Les sociétaires s'engagent solidairement pour garantir le remboursement des avances qui pourront être consenties par l'État en application de la loi du 29 décembre 1906. L'amortissement de ces avances se fera conformément aux instructions données par le ministère.

ART. 51. — Toute modification projetée aux statuts sera portée à la connaissance de la caisse régionale responsable du remboursement de l'avance, qui en fera part au ministre, sans qu'aucune modification puisse être considérée comme acquise avant que le ministre ait notifié qu'il n'y fait pas objection à raison des conditions dans lesquelles l'avance de l'État a été consentie.

ART. 52. — La société coopérative se soumettra aux opérations de contrôle et de surveillance ordonnées par le ministre de l'agriculture et la caisse régionale de

ART. 53. — La comptabilité sera tenue conformément aux prescriptions du Code de commerce et aux instructions du ministre de l'agriculture.

ART. 54. — Pour tout ce qui n'est pas prévu aux présents statuts, il sera établi des règlements intérieurs par les soins du conseil d'administration.

Tous pouvoirs sont donnés à M.   porteur d'une expédition des présents statuts, pour procéder aux formalités d'enregistrement, d'insertion et de publications voulues par la loi.

Nancy, impr. Berger-Levrault et Cie

BERGER-LEVRAULT ET Cie, LIBRAIRES-ÉDITEURS

PARIS, 5, rue des Beaux Arts — rue des Glacis, 18, NANCY

Publications du Ministère du Travail et de la Prévoyance sociale

DIRECTION DE L'ASSURANCE

ET DE LA PRÉVOYANCE SOCIALES

Recueil de Documents sur la Prévoyance sociale

Les Caisses d'épargne (Législation et statistique). 1903.
Brochure in-8 de 34 pages. Prix : **75 c.** — Franco. **85 c.**

Applications de la législation française sur les habitations à bon marché. 1903.
Brochure de 52 pages. Prix : **75 c.** — Franco. **85 c.**

L'Habitation ouvrière et les pouvoirs publics en Allemagne, par Édouard Fuster.
1903.
Brochure de 78 pages. Prix : **1 fr. 25.** — Franco. **1 fr. 40.**

Les Retraites ouvrières en Italie, par O. Arsandaux. 1903.
Brochure de 78 pages. Prix : **1 fr. 25.** — Franco. **1 fr. 40.**

L'Assurance populaire du canton de Neuchâtel, par O. Arsandaux. 1903.
Brochure de 44 pages. Prix : **75 c.** — Franco. **85 c.**

Projet de loi sur le contrat d'assurance. Rapport et documents. 1904.
Volume de 247 pages. Prix : **85 c.** — Franco. **1 fr. 20.**

L'Assurance obligatoire contre l'invalidité en Allemagne. 1905.
Volume de 156 pages. Prix : **1 fr. 75.** — Franco. **2 fr.**

Les Capitaux des caisses de retraites allemandes et leur emploi, par Édouard Fuster. 1905.
Volume de 95 pages. Prix : **1 fr. 20.** — Franco. **1 fr. 35.**

Documents sur les retraites ouvrières en Allemagne, par Édouard Fuster. 1905.
Brochure de 77 pages. Prix : **1 fr.** — Franco. **1 fr. 15**

*Principaux résultats de la prévoyance sociale de 1890 à 1903. Statistiques et gra-
phiques.* 1905.
Brochure de 47 pages avec diagrammes. Prix : **60 c.** — Franco. **70 c.**

Projet de Code du travail et de la prévoyance sociale (voté par la Chambre des députés, le 15 avril 1905).
Brochure de 61 pages. Prix : **75 c.** — Franco. **85 c.**

Les Assurances sociales en France de 1889 à 1905. Rapport au Congrès international
de Vienne, 1905, par le Directeur de l'Assurance et de la Prévoyance sociales.
Brochure de 28 pages. Prix : **50 c.** — Franco. **60 c.**

Les Assurances sociales en Belgique, par Joseph Bégasse. 1905.
Brochure de 186 pages. Prix : **2 fr. 25.** — Franco. **2 fr. 40.**

Les Habitations à bon marché. Législation. Statuts-types. Statistique. 1908.
Brochure de 76 pages. Prix : **1 fr.** — Franco. **1 fr. 15.**

L'Habitation ouvrière et les autorités locales en Angleterre. 1908.
Brochure de 84 pages. Prix : **1 fr.** — Franco. **1 fr. 15.**

Résultats du concours pour appareils de bains-douches.
Brochure de 20 pages. Prix : **40 c.** — Franco. **50 c.**

Recueil de Documents sur les Assurances-Vie

Nᵒ 1. — *Formules et barèmes des primes ou cotisations minima des opérations
d'assurances sur la vie, d'après les bases fixées par le décret du 20 janvier 1906.*
Volume de 171 pages. Prix : **2 fr.** — Franco. **2 fr. 30.**

Nᵒ 2. — *Réglementation du contrôle des assurances sur la vie. (Sous presse.)*

BERGER-LEVRAULT ET Cie, LIBRAIRES-ÉDITEURS

PARIS, 5, rue des Beaux-Arts — rue des Glacis, 18, NANCY

L'Assurance mutuelle agricole contre l'Incendie, par Félix VILLET, maire. 1906. Un volume in-8, broché. . . . . **2 fr. 50**

Manuel de Conférences agricoles techniques et pratiques, par C.-G. AUBERT, ingénieur-agronome, garde général des eaux et forêts. Préface par L. DABAT, directeur au ministère de l'agriculture. 1903. Un volume in-8, broché. . . . . **6 fr.**

Premières Notions forestières, à l'usage des écoles, par C. RABUTTÉ, inspecteur des eaux et forêts. Nouvelle édition. 1906. Brochure in-12 de 36 pages. . . . . **50 c.**

Guide pratique de l'Amateur de fruits. *Description et culture des variétés de fruits, classés par séries de mérite, composant les collections pomologiques de l'établissement horticole de SIMON-LOUIS frères à Plantières-lès-Metz.* Suivi d'une *table alphabétique de tous les synonymes connus, français et étrangers, appartenant à chaque variété.* 2e édition, revue et corrigée. 1895. Un volume grand in-8 de 393 pages, broché. . . . . **6 fr.**

Les Ennemis de l'agriculture. Insectes nuisibles. Maladies cryptogamiques. Altérations organiques et accidents. Plantes nuisibles, par C. RAMPON, préparateur au laboratoire agronomique de Loir-et-Cher. 1898. Beau volume in-8 de 416 pages, avec 140 figures, broché. . . . . **5 fr.**

Préservation des Bois contre la pourriture par le sol, les champignons et les insectes. *Recherches sur la valeur comparative de divers antiseptiques*, par E. HENRY, professeur à l'École nationale des eaux et forêts. 1907. Un volume grand in-8 de 96 pages, avec 10 planches en phototypie, broché. . . . . **4 fr.**

La Décomposition des matières organiques et les formes d'humus dans leurs rapports avec l'agriculture, par E. WOLLNY, professeur d'agriculture à l'Université de Munich. Traduit de l'allemand, par E. HENRY, professeur à l'École nationale des eaux et forêts. Préface de L. GRANDEAU, inspecteur général des stations agronomiques. 1901. Un volume grand in-8 de 669 pages, avec 52 figures dans le texte, broché. . . . . **15 fr.**

Chasse et Destruction des animaux malfaisants ou nuisibles. *Études administratives*, par Gabriel SOUDÉE, avocat à la cour d'appel d'Angers. 1907. Un vol. gr. in-8, broché. **5 fr.**

Analyse et Contrôle des semences forestières, par M.-A. FRON, inspecteur adjoint des forêts. 1907. Un volume grand in-8, avec figures, broché. . . . . **3 fr.**

Incendies en forêt. *Évaluation des dommages*, par A. JACQUOT, inspecteur des eaux et forêts. 2e édition. 1904. Ouvrage couronné par la Société nationale d'agriculture de France. Un volume grand in-8 de 400 pages, broché. . . . . **8 fr.**

Traité pratique de Pisciculture. *Exploitation des mares et des étangs*, par A. PEUPION, inspecteur adjoint des forêts. 1898. Beau volume in-8 de 665 pages, broché. . . . . **7 fr. 50**

Régime légal et financier des associations syndicales. *Étude pratique destinée aux maires, conseillers de préfecture, percepteurs-receveurs, etc.*, par A. AUBERT, percepteur-receveur. Volume in-12, précédé du décret du 9 mars 1894, broché. . . . . **3 fr.**

Commentaire de la loi sur les syndicats professionnels, par BRUNOT, chef du cabinet du sous-secrétaire d'État au ministère de l'intérieur. 1885. Un volume in-8 de 486 pages, broché. . . . . **7 fr. 50**

Les Sociétés de Secours mutuels. *Commentaire de la loi du 1er avril 1898*, par J. BARBERET, directeur de la mutualité au ministère de l'intérieur. 4e édition, revue et augmentée. 1904. Un volume in-8 de 512 pages, broché. . . . . **6 fr.**
Relié en percaline. . . . . **7 fr. 50**

La Mutualité pratique, à l'usage des administrateurs des sociétés de secours mutuels dans leurs rapports avec l'administration supérieure, par Georges ASSANIS, rédacteur à la Direction de la mutualité au ministère du travail. 1908. Un volume in-8 avec tableaux, broché. **4 fr.**
Relié en percaline. . . . . **5 fr.**

Guide du réclamant en matière de contributions directes. — *Des demandes en dégrèvement.* — *Des causes de dégrèvement.* — *Délais dans lesquels les réclamations doivent être présentées.* — *Forme de réclamation.* 1908. Brochure in-18 . . . . **40 c.**

Formules et Renseignements divers pour demandes et réclamations administratives, par Maurice BOIVIN, sous-préfet de Mirecourt, et Charles FERRY, secrétaire-greffier du conseil de préfecture des Vosges. Nouvelle édition. 1901. Un volume in-8 de 365 pages, broché. . . . . **3 fr.**
Relié en percaline. . . . . **4 fr.**

Nancy, impr. Berger-Levrault et Cie

www.ingramcontent.com/pod-product-compliance
Lightning Source LLC
Chambersburg PA
CBHW070919210326
41521CB00010B/2244